漫畫心理學

心智如何探索複雜環境，又怎麼愚弄我們？

PSYCHOLOGY
The Comic Book Introduction

丹尼·歐本海默、格萊迪·克萊恩——著
Danny Oppenheimer & Grady Klein
朱怡康——譯

獻給安妮（Anne）、連恩（Liam）與班傑明（Benjamin）
——格萊迪‧克萊恩

獻給我的學生，是他們教我怎麼教心理學。
——丹尼‧歐本海默

目 錄

Part 2　了解自己

第5章
後設認知

我們不只會思考，也思考「思考」這件事，可是，人們有多善於思考「思考」呢？後設認知、後設知識、後設記憶……，這一章要討論的就是我們的自我評估，並探究這些評估可不可靠；也會提到「鄧寧—克魯格效應」、「解釋深度的錯覺」、「認知流暢度」。

第6章
情緒

我們都知道感受情緒是什麼樣子，但要如何思考情緒？幾千年來，重要思想家一直與情緒課題纏鬥，情緒不僅動作迅速，而且力道很強，同時，也令人困惑又不可靠。這章要談的是心理學家怎麼看情緒，就由以下三個問題切入：1.什麼是情緒？2.情緒是普世共通的嗎？3.我們為什麼有情緒？還將檢視「詹姆士－蘭格理論」，並討論「沙赫特－辛格理論」與支持它的「達頓與亞倫吊橋研究」。

第7章
動機

為行為提供動機的原因五花八門。亞伯拉罕‧馬斯洛的「需求層次理論」，是為動機分類的最早嘗試之一。本章以馬斯洛的金字塔為跳板開始探索「動機」，參酌經濟學理論關於「酬賞」與「懲罰」等「外在動機」的討論，並以「自我決定理論」深入「內在動機」的綜合因素。

第8章
壓力與健康

想了解自己，也必須了解自己的生理狀態。壓力是心身互動的重要管道，當壓力源出現，身體會啟動交感神經系統產生連串反應，本章也將提示這些反應亦會在其他情況下激發。另一方面，我們對壓力的反應會回過頭來增加壓力，所以一起來看看測量壓力的方法吧！並檢證「對生命具有掌控感，有助於長期健康」。而除了探看幾個身體變化影響心智的方式外，章末更要由「信念」、「預期」、「藥物」、「宗教」等……，探討這些效應反過來是否也會相同。

Part 3　了解彼此

**第9章
語言**

147

語言是最主要的溝通工具，然而它的效果未必如人預期。語言充滿各種曖昧，字義的、語音的、句構的等……；除此之外，人嘴巴說的也未必是心裡想的！所以本章的大哉問是：我們是怎麼了解彼此的？人們會判斷脈絡，但這並不完全可靠，因此為了弄懂對方在講什麼，我們會對溝通意圖做出特定假設，這就是心理學家所稱的「語用」（又稱「葛萊斯暗示」）。接著還要看看學習語言相持不下的兩種理論：「先天」與「後天」；最後則談談由語言學家班傑明‧沃爾夫所發展出、具爭議性的問題：語言會形塑我們的經驗嗎？

**第10章
人格**

165

另一種了解他人的方式是描述他們，在人們的表象之下，到底有幾個判然有別的人格特質存在？來看看早期人格心理學家歸納評估人格的五個量尺類別，以及其他幾個禁得起科學檢驗的人格特質類型。我們的人格相當複雜，隨著觀察更多細節與調整評價，也要注意：評價別人時該注意些什麼？而人格線索遍布我們的生活空間，它們就像我們用來嗅聞彼此的資料，而得以解釋彼此之間的不同；不論這些特質是繼承而來或是學到的，都是人們預測長期行為表現的好方法。

**第11章
社會影響**

181

人們是環境動物，不過在看待別人的行為時，我們傾向無視這個事實，而過度強調人格的影響，這種偏見被稱為「基本歸因謬誤」。這一章要談談環境如何影響我們，特別著眼於影響最顯而易見的社會環境，探討「從眾」、「順從」、「社會角色」、「情境限制」、「說服」，佐以所羅門‧阿希的「開創性」研究。

**第12章
刻板印象
與群體**

197

刻板印象是我們對特定群體成員的思考連結。從某個層次來說，這些連結對社交功能是必要的，卻也會造成各種問題。首先，很多刻板印象並未準確反映事實，即使它們是真的，也經常被擴大解釋，因為我們的刻板印象常常只依據非常有限的證據，但刻板印象往往造成嚴重後果。這一章要試著理解這種現象，方法是討論社會分組如何影響我們，如何影響被我們歸成一類的人。同時也來看看「刻板印象威脅」、「團體迷思」、「刻板印象內容模型」等相關理論與實驗。

**結論
當事情不太
對勁……**

213

本書分析了非常多的經驗，包括我們如何形成記憶、發展感受、分享想法、做錯事、又做更多錯事……。不過，這還沒有涵蓋全部心理學。心理學還有很多有趣的研究領域，畢竟人類心智極其複雜。我們其實才剛剛開始學習心智如何運作而已，還有很多人類心智的祕密等著去發掘。

導論

這是仁*@$&?⋯⋯

人生充滿瘋狂

充滿困惑……

充滿混亂……

剛剛出了
什麼事？

怎麼會出
這種事？

充滿誤解……

充滿出乎意料的事……

真有發生
這種事？

以後還會
出這種事嗎？

……最重要的是，充滿模稜兩可。

也許你就遇過
倒楣事。

3

我們是**怎麼**
想事情的？

你在**想**什麼？

我在**幹**什麼啊？

很多人以為心理學
是關於**偏執、幻想**

……**童年創傷**

CIA 在監控
我的想法！

跟我談談
你**媽媽**的事。

……**用藥成癮**……

……**法庭聽證**……

還有**實驗室老鼠**。

要不要
來顆**藥**啊？

庭上，被告
的**心智能力**
是狗狗級。

聽到**鈴聲**時**扭一扭**。

這些都是心理學的**一部分**，但只是**一小部分**而已。

因為我們**都是從自身經驗中學習**……　　……所以我們都算**業餘心理學家**。

他說他愛我的時候，
我真的**相信**他。
沒想到他只是
在**利用**我。

因為他是
精神變態！

因此，我們總在**評價自己**……　　……**評價他人**……　　……也總是**對每一件事做出解釋**。

因為我**太胖**，
所以他不愛我！

不不不，因為他是
渾球，所以才
不懂得珍惜妳！

因為妳**心碎**，
所以才這麼傷心，
才**哭**得這麼慘。

不過，**我們自己**和**這本書**的解釋……　　……之間的**區別**……

我很清楚人
言行舉止的原因。

呃，抱歉，光有**自信**
不代表**解釋得對**喔！

請參考
第85頁。

……就在於**這本書**的原理都以**嚴謹的實驗研究**為基礎。

我們不單**相信**直覺，
還會加以**檢證**。

受試者看來**不開心**。

**控制組受試者
沒變化。**

科學研究相當複雜

要是我們**把東西通電**，會爆炸嗎？
不曉得會怎麼樣呴？

還是會**燒焦**？

……都一定要
把實驗條件控制好……

我們最好先確認
實驗室乾乾淨淨。

……我們必須確定**實驗結果
不受人的預期干擾**……

我好希望我的
實驗成功喔！

我也好希望她的
實驗成功喔！

呵呵，我們最好把
每個人的眼睛矇上。

……也必須確定實驗**不會造成傷害**。

要是我們把二氧化碳大量
排放到空氣裡，不曉得**氣候**
會發生什麼變化？

我們**別做這種
實驗**好嗎？

可是在心理學中，因為我們
研究的是**活生生的人**……

……我們得處理的**複雜性又更深一層**。

要是我們把**人**通電，
不曉得會怎麼樣？

搞不好會**搶著
退出實驗**？

我覺得被電**超爽**。

我**超怕被電**。

我**不喜歡
嚇人的東西**。

看我！看我！

你在看誰啊？

再靠近一點，
我可以讓你看看
你完全想像不到
的東西喔！

做科學實驗是為了**檢驗規則**……

……可是以人來說，幾乎每條
規則都有一大堆**個別例外**……

舉例來說，**戳人**
會惹火人嗎？

我對**什麼事都**覺得火！

我喜歡被戳。

……這些個別例外多到可以讓這本書**根本寫不下去**。

如果人口中有很多
自然變項……

……我們怎麼知道是
戳人造成他們生氣……

還是剛好有群人
無論如何都會生氣？

我們會用**幾個步驟**處理這個問題。

首先，我們從我們想了解的整個人口中隨機取樣。

我們研究的是**全體人口**的**憤怒**……

……所以我們不能只在**重機酒吧**裡找受試者……

也不能光在**禪修中心**找受試者。

我們得從全體人口中找一批**受試者**。

第二，我們**一定**會把一組隨機樣本跟另一組隨機樣本分開……

……**對其中一組什麼事也不做。**

你們是**控制組**……

……和組裡其他人**一模一樣**。

接者我們比較結果，看看**有做測試**那組的結果……

……和什麼事也不做的那組結果有什麼不同……

你現在覺得多生氣呢？

……如此一來，我們能確保所有個別例外都能**自行消除**。

我總是在**生氣**！

快戳我，拜託！

兩組中的個別例外可能**一樣多**。

我好喜歡戳戳。

有膽你就戳我看看！

這些步驟為我們的實驗增加了些**複雜性**……

因為有**隨機分配**和**控制條件**，我們能用**統計學分析**了！

哇，好棒棒。

可是不這樣做的話，基本上根本**不可能**做心理學研究。

不過，這本書**不是**關於**如何設計實驗**……

……也跟**我們如何形塑大腦**無關。

這筆資料組有**多元共線性**問題，要用**對數變換**以符合**高斯假設**。

她正在用**前額葉**思考問題……

……如果你有興趣，等我們出**《漫畫神經科學》**再來看。

這本書要談的是**我們怎麼生活。**

只要是人都適合閱讀……

……需要與人**互動的**也可以看看喔！

往**四周看看**，我們這就開始。

Part 1
了解世界

很明顯地，我們是**透過感官**從世界接收資訊。

可是，我們雖然常常覺得可以**信任感官**……

……但它們**未必可靠**。

這蘋果味道超噁！

呃……那是洋蔥……

這是因為，我們**自以為感知到的**……

……**其實從來不是實際狀態。**

歡迎光臨
海市蜃樓！

事實上，那是**很多心理過程**所產出的結果。

進你大腦的只有
電子訊號……

……你察覺到的事，
其實是你**詮釋過的樣子**。

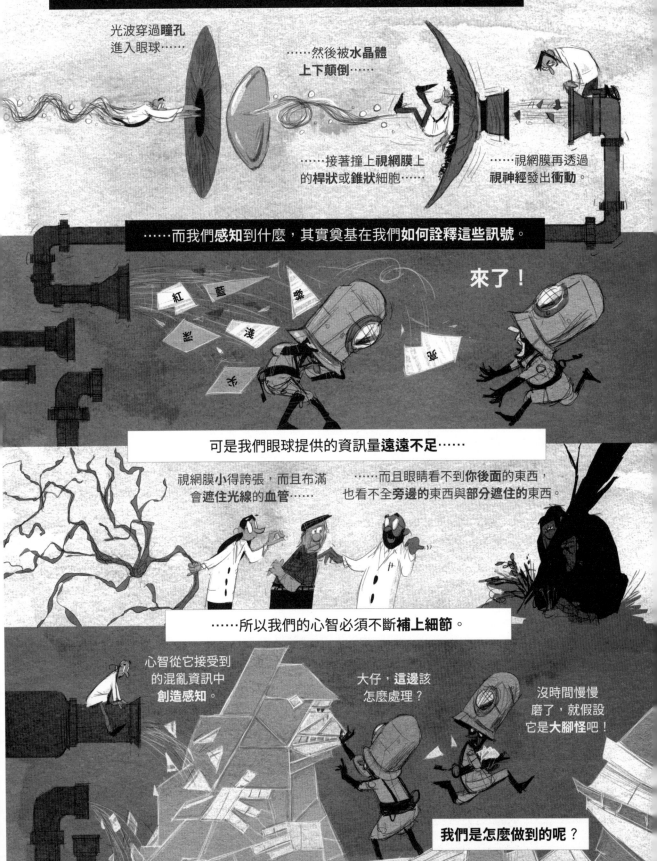

心智創造感知的方法很大部分
需要**依靠脈絡**。

這什麼意思？

看你在哪裡
發現的囉。

舉例來說，如果
射向我們眼球的**光
不夠多**……

……代表我們可能身在**暗處**……

……也可能是看到某個**色彩暗沉的東西**。

而既然我們沒有**足夠資訊**判斷哪個推測為真……

所以這到底是什麼狀況？
是手電筒的光不夠強？還是
那件**衣服顏色太暗**？

或許是在手電筒
微弱燈光下的
暗色衣服。

……我們只好
對照旁邊的
資訊**猜猜看**。

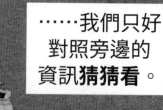

更精確點說，要判定某個東西有多**亮**，
我們得**對照它與它的背景**。

如果它看起來比旁邊
的東西**更暗**，我們就
假定它是**暗**的。

如果它比旁邊的
東西**更亮**，我們就
假定它是**亮**的。

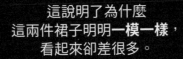

這說明了為什麼
這兩件裙子明明**一模一樣**，
看起來卻差很多。

其實你的大腦
在做**統計**吶！

大腦根據脈絡
來**推測亮度**。

事實上，大腦處理**所有
接收到的資訊**時都是如此：

資訊不夠多，
我們無法確定……

……那只好根據
脈絡猜看看囉。

不論接收到的是**氣味、滋味**……

……或是**其他身體感官資訊**。

聞起來像**熱狗**，
嘗起來又像**雞肉**……

恩，我想吃了
應該**沒問題**吧。

我好緊張，可是
她明明正翻了！
我一定愛上她了。

關於**這點**，
去**第 6 章**
可以看到
更多資訊喔！

我們再來看**幾個例子**吧！

17

我們以同樣的方式感知物體**在空間裡的位置**......

以及**它的大小**。

你看起來好**遠**啊！

不，我只是**個子小**罷了。

同樣地，雖然眼睛會拋給我們**一些資訊**......

......**但資訊量從未多到可以確認實情。**

我們資料好少！

到底是他個子小還是他們隔太遠？或這**兩者都是**？

我們只能**猜**囉。

所以我們會補上不少其他的**脈絡線索**，例如**影子在哪裡**......

我浮起來了！

我沒有。

......還有**線與線之間的關係**。

這兩個圖形**一模一樣**。

但因為**後退線**會讓我們感知到**深度**，這個看起來**比較長**。

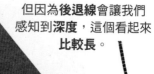

雖然心智**隨時**都在處理這些脈絡線索……

你長得好**快**啊！

奶奶，我其實只是**朝妳走過來而已**。

……但只有在它出鎚或造成**視覺錯覺**時，我們才會察覺它一直在這樣做。

試著跟這些**平行線**看過去，很直對吧？

更重要的是，因為我們**一切的感知都是這樣來的**……

我們每天接收到的都是**有限的感官資料**……

……有的出自**手**，有的來自**鼻**，有的從**舌頭**送過來，你一定還能講出很多……

然後我們再把**縫隙填起來**。

在我們其他感知系統中，同樣也有很多感官錯覺……

……只是我們**在這裡不能畫**。

這塊**乳酪**熟得恰到好處，我**口水都流出來了**！

其實，那是你**腳**的味道。

可惜啊，出版社說我們要是畫噁爛例子，他們不付錢。

19

當然，要是想
比較不同物體……

……我們得先能**分辨它們**，
將它們與四周的物體**區分開來**。

你覺得哪隻**猿**
比較大隻？

可是那真的是**猿**嗎？

……搞不好只是
樹突出的部分？

在 **1900 年代早期**，德國心理學家就人類如何
區分前景與背景提出理論。

這就是**格式塔運動**啊！

錯！那是個**花瓶**。

他們發現，人類會用**特定視覺特質**
分辨東西，例如**相似**……

……**對稱**……

這些突出有**毛**，
可是**樹不長毛**，
所以那一定是**猿**。

樹通常很對稱，可是這些突出
並不規則……

嗯，我也
認為是猿。

……**遠近**……

……還有**封閉**。

這些突出跟**主幹很近**，
我覺得是樹的一部分。

補充一下，它們看起來
被樹的其他部分包住

……所以我
也**認為是樹**。

最近的研究又添入**另一個特質**。

在印度，普拉卡什計畫幫**先天失明**的孩子重獲視力。

很多種失明現在能簡單以手術治好。

觀察這些孩子**首次學習以視覺分辨物體**⋯⋯

全都好**複雜**啊！

⋯⋯科學家們發現：**動態**這項特質份量吃重。

這個跟那個⋯⋯

一定不一樣。

其他研究則運用**新科技**拓展知識範圍。

把攝影機綁在嬰兒身上，就能抓住**他們接受的每一個視覺刺激**。

接著再用**統計學**推測他們的大腦可能是怎麼理出頭緒的。

當然，人一旦學到甲是甲、乙是乙，**要辨識東西就容易多了**⋯⋯

我知道這邊的屁股跟那邊的頭是連在一起的，因為它們會**一起動**⋯⋯

也因為他是我的狗。

⋯⋯這把我們帶向另一個**要點**。

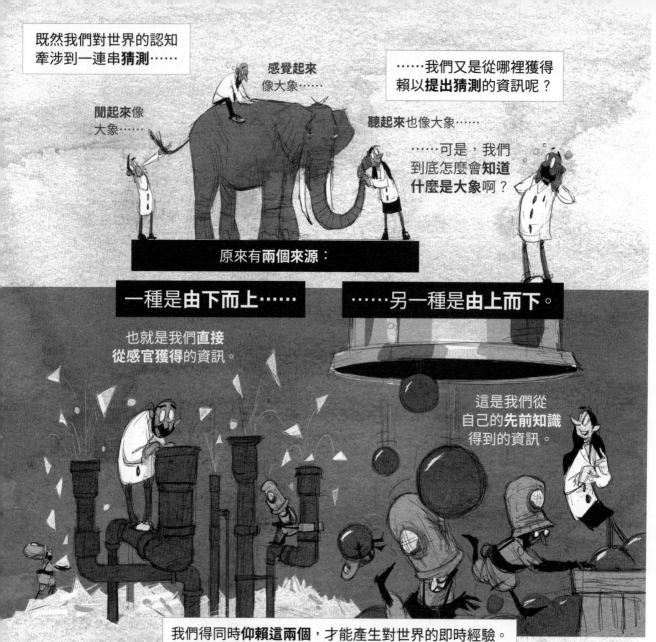

既然我們對世界的認知牽涉到一連串**猜測**……

聞起來像大象……

感覺起來像大象……

聽起來也像大象……

……可是，我們到底怎麼會**知道**什麼是大象啊？

……我們又是從哪裡獲得賴以**提出猜測**的資訊呢？

原來有**兩個**來源：

一種是**由下而上**……

……另一種是**由上而下**。

也就是我們**直接**從感官獲得的資訊。

這是我們從自己的**先前知識**得到的資訊。

我們得同時**仰賴這兩個**，才能產生對世界的即時經驗。

光波射入視網膜。

音波衝擊鼓膜。

分子碰觸舌頭和鼻孔。

你從倉庫裡翻出**回憶、念頭、習慣和反應**。

然後你處理這些東西，好判斷到底**發生什麼事**。

想驗證**由上而下**和**由下而上**的區別，
有個有趣的例子是**伏特加**……

……原來，伏特加基本上是**沒味道**的。

**由下而上，
呼乾啦！**

根據美國政府
規章……

……伏特加
**無獨特特點，無味、
無色、無香氣。**

所以從**由下而上**的方式看來，各種品牌的伏特加**嚐起來都一樣**……

這瓶嚐起來**沒味道**！

這瓶也是……

……想**交換**嗎？

……要比較不同品牌的伏特加，**唯一的辦法**是採用**由上而下式詮釋**……

你的味蕾完全**不能**
給你任何資訊……

……所以你得靠**社會**和
敘事特色來決定喜歡哪瓶。

這瓶伏特加
一定更棒！

因為有**金標籤**、
賣**100美元**，
而且是由**戴毛皮帽**
的**共產黨**
手工蒸餾的！

……這也是推銷員會**全力利用**的地方。

試試我們這牌吧！
戴毛皮帽的可是個**性感尤物**呢！

喔！

23

可是在實際生活中，我們的問題很少是資訊**太少**……

大多數時候，我們的難題是資訊**太多**。

這伏特加嚐起來**沒味道**。

這紅酒有醋栗香、杜松香、繃帶味、雨水味、囓齒動物糞便味、頭皮味、口臭味……

無時無刻，所有資訊不斷從**不同感知系統**湧進來。

眼

耳

口

鼻

其他感官

紅 繃帶 尖銳聲 香 甜 苦澀 大聲 臭 軟 滑

救人喔！

這個世界實在**太過複雜**，複雜到我們無法面面兼顧……

……我們確實**沒有**。

相反地，我們**只注意部分資訊**……

希望那俗辣別再一直跟車。

貼這麼緊，現在的人都有毛病。

……**其他部分就用假設的。**

24

有些**著名實驗**顯示**我們的注意力多有限**。

其中一個是研究人員**隨機找人問路**……

請問**最近的熱狗店**該往哪兒走？

……但當**研究人員**很快與另一位同事互換……

嗯，先沿**第五街**走，到**第七街左轉**，再走三個街區到**漢堡王宮**那個街角，然後……

……**很多人根本沒發現**。

謝謝！　　不客氣！

另一個實驗是：研究人員隨機找人看影片，請他們**仔細觀察球隊練習**……

請數看看**有幾次傳球**。

……結果很多人因為專心看球員，沒有發現有隻**猩猩**跳舞穿過畫面。

當然，如果受試者知道**該預期什麼**，結果就不一樣了……

請數看看有**幾隻猩猩**。

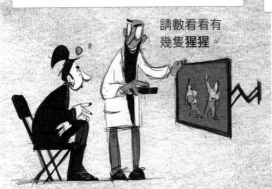

……不過重點在於：**如果毫無預料，我們常常不會注意到這些異狀。**

猩猩？
什麼猩猩？

事實上，因為我們周遭有太多事在進行，我們**不可能同時注意全部**。

真是**眼花撩亂**啊！

所以我們有些感知系統會變得**自動化**。

我們學**騎腳踏車**時就是如此……

……**演奏樂器**也是一樣……

……**看書**也是。

我以前得**用想的**才知道這些符號呢！

結果之一是**史楚普效應**。

如果你請人算算某個字印了幾次……

狗狗狗狗狗　四！

貓貓　二！

臭鼬臭鼬臭鼬臭鼬臭鼬　五！

……如果那個字是**數字**，他們花的時間會**稍長一些**……

六六六六六　嗯……四。

二二　我看看……二。

七七七七七　天啊！

……因為他們的心智會**自動把字跟意義連在一起**，所以得多費點事**把它們解開**。

遇到**顏色的字**也是一樣。

白……呃不對，是黑！

黑……咦？是白！

白

黑

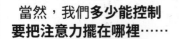
當然，我們多少能控制
要把注意力擺在哪裡……

……但這種能力是**有限的**。

我要看**這個節目**……

……**才不要做功課**咧！

一般說來，我們不是大範圍**分散注意力**，
但注意力不深……

……就是**集中注意力**在一件事上……

你可以同時**吃東西**、**聊天**、
看 Instagram、**臉書**、**簡訊**、
email 與**推特**……

……**或者**只能
好好開車！

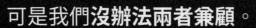
可是我們**沒辦法兩者兼顧**。

開車時你只能專心**開車**！

天知道會不會
有隻**猩猩**突然衝出來。

我們就是**沒有足夠的心理資源**這樣做。

我是**多工人**啦！　　我一邊看電視……

……**也一邊做功課**！

小鬼，你其實只是
坐在那裡而已。

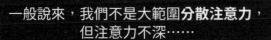

總之，這個瘋狂世界充滿**過量刺激**……

……而我們感官收到的資訊往往**扭曲**或**模稜兩可**……

那裡到底是**發生**什麼事？

……所以心智得不斷運作，為這片混亂**創造秩序**。

由下而上！

由上而下！

雖然我們感知到的**並不是外界實際發生的**……

我們腦袋裡的所有**心像**，都是**腦中電子訊號**組成的。

腦袋外則是排山倒海的**原子與能量**。

……可是這套程序**表現亮眼**，已經能讓我們好好生活。

還好我**反應**夠快。

感覺像我**看到牠**之前就踩了煞車。

第2章
學習

WYAIERARRAE

聲音有夠淒厲……　　是哪家在**虐待**小孩嗎？……

……還是只是貓叫？

所以，為了更了解世界，我們使出**由上而下絕技**……

鄰居老是
會餵浪貓

每天晚上
都來這麼
一段

附近沒有
小孩

……整合我們的**先前知識**以弄懂事情。

實在該養條**狗**了……

但我們是怎麼得到先前知識的呢？是透過**學習**。

……在**日常生活裡**也一直在學。

好好聽老師的話，
不然你什麼也學不到。

好好聽老闆的話，
不然薪水要飛了。

聽一下門，被媽
抓到我們就慘了。

在這一章裡，我們要談的是**我們怎麼學東西**……

熟的香蕉是黃色的。

每次我踩到熟香蕉皮……

……都會跌倒。

小心，不要踩到
熟香蕉皮喔！

……我們會仔細看看**三種學習型態**……

我們透過建立
連結學習……

……透過**酬賞**
與**懲罰**學習……

……也向**別人**學習。

黃色

熟的

1. 古典制約

2. 操作制約

3. 社會學習

一、古典制約

很多事情同時發生……

……我們為了幫助自己探索世界，會**為它們建立連結**。

多雲

下雨

沒人講話

爸媽在賭氣

奶奶

怪味道

那麼，我們是怎麼**學習**這些連結的呢？

甲事

乙事

俄國生理學家**伊凡‧巴夫洛夫**是最早研究**連結學習**的人之一，他在1920年代就開始做相關實驗。

我還能說什麼呢？
我這人就是**直覺特別強**。

巴夫洛夫研究**狗吃東西時怎麼流口水**……

小雷雷，這裡
有**肉丸**喔！

咱來看看你會
流**多少口水**。

……當他注意到狗學會在吃東西**之前**就流口水……

叮呤
叮呤

小雷雷，晚餐
時間到囉！

他靈光一閃，頓時明白自己可以
引誘牠們流口水……

如果我**每次餵他之前**
都先跳一小段舞……

……一段時間之後，
我一跳舞他們就
開始流口水。

……用各種**無關**的刺激就能做到。

他們可以學會連結**各種**
八竿子打不著的東西……

……只要用肉丸
就做得到！

覺得**冷**時……
……我會**發抖**。

只要**貓**坐在
我膝上……
……我都會
打噴嚏。

每次聞到**垃圾**
的味道……
……我都
覺得**反胃**。

可是，如果**其他
不相干的刺激**……

……與這些**特定生理反應
一再同時出現**……

每次我坐在
這張椅子上……

……**涼涼的晚風**
總讓我**發抖**。

……**貓**都會坐在
我膝上，然後我
大打噴嚏。

每次我嚼**肉桂
口香糖**……

每次我彈
鄉村音樂……

……我都剛好在
垃圾桶旁邊，覺得
一陣**噁心**。

……**我們會學到把這些新的刺激與那些反應連結起來**……

每次我坐在**這張椅子**上，邊嚼**肉桂口香糖**，
邊彈**鄉村音樂**……

……我都**發抖**、**打噴嚏**，
還覺得**反胃**。

……即使我們完全**沒察覺**有發生這種事。

用心理學術語來說，建立連結叫「**制約**」。

制約刺激是因。

每次我聞到**這種香水**……

……就懷念起我奶奶。

制約反應是果。

雖然我們在現實生活裡**經常沒有察覺**它的存在，我們還是**時時刻刻**都在學習建立這種連結……

……主要是因為這種連結很**有用**。

每次我聽到**磨東西的聲音**……

……我都立刻**跳起**。因為我把那種聲音跟咖啡連結起來了。

我得**快點去上班**啦！

不過，這還是有**缺點**的……

每次看到**超萌正妹**戴著**毛茸茸的帽子**……

……我總覺得**這個牌子的伏特加**一定很讚。

……有些缺點**比其他缺點嚴重得多**。

照我多年經驗，**下里巴人都是罪犯**。

關於**成見**，我們會在第**12**章進一步討論。

巴夫洛夫的研究成果出來沒多久，有些心理學家就決定在**嬰兒**身上試試這種招數。

好主意耶！

巴老對**狗**的實驗超有效……

……我們來看看對**小不點**有沒有效，如何？

他們尤其好奇的是：制約造成的連結是怎麼**概化**的呢？

要是我們設法讓小不點**害怕老鼠**……

他會連帶害怕**什麼**？

好問題！

於是，他們給了他一隻**可愛的絨毛老鼠**，並同時敲打出**可怕的噪音**。

就拿這隻可愛的絨毛老鼠當**制約刺激**吧！

噹!!

哭叫就是他的**制約反應**。

不幸的是，嬰兒不只學到**害怕老鼠玩偶**……

……還學到害怕**其他各種絨毛玩偶**……

哇!!!!

太棒了！

哇!!!!

有夠妙！

……這項實驗雖然成功，但也因此變得**惡名昭彰**。

哇!!!!

呃……我們該怎麼讓他**不哭**？

古典制約的確影響**我們如何學習連結世間萬物**……

每當看到**可愛**又**毛茸茸**的東西……

……就讓我想起那些**可怕的噪音**……

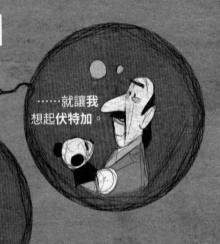

……就讓我想起**伏特加**。

……不過，另一種學習模式更直接地**形塑我們的行為**。

壓！

精確點說，**操作制約**是關於我們如何透過行為後果學習……

……我們會從**酬賞**中學習……

……也會從**懲罰**中學習。

恭喜獲得**巧克力棒一枝**！

恭喜獲得**花椰菜一顆**！

二、操作制約

操作制約中最簡單的原則是**效果率**。

當某個行為帶來**正面結果**……

……我們**可能會再做一次**。

當某個行為帶來**負面結果**……

……我們**不太會再做一次**。

聽起來或許完全**合理**……

……可是現實情況往往**非常複雜**。

要是哪種生物一直做對自己**不利**的事，牠會**絕種**。

那該怎麼解釋為什麼人會**抽菸、喝酒、吃藥、滑雪、寫作業**，還有……

……還有邊做這些事邊**傳簡訊**？

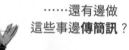

舉例來說，我們有時會**錯誤詮釋造成結果的是哪個行為**。

他上星期忘了
洗襪子……

……然後
**打出一支
全壘打**。

後來他**再也
不洗襪子**。

另一些時候，我們**不斷重複**具有**短期酬賞**、
但會帶來**長期負面結果**的行為……

戳
戳
戳
戳

……或是**被錯綜複雜的先決條件誆騙**。

每隔週週四下午2點到4點，
您有30分鐘紅利通話時間——
如果您已用完全部免費流量，
並在前一週曾致電令堂，也沒有
在離峰時段撥打國際電話，或是……

夠了夠了，趕快
登入就是了。

1930年代，行為心理學家**史金納**為了研究這些複雜性，
發明出一種**特殊的箱子**。

只要你進來，
我就給一塊**餅乾**。

這裡有**按鈕、小冰箱、
舞台燈、麥克風**，
還有**舞池**。

夠完美了吧？
你還需要
什麼嗎？

史金納箱是迷你實驗室，設計來研究**生物如何學習**……

音樂一放就按按鈕。

……特別是：不同**酬賞**……

和不同懲罰……

做得好！請吃**餅乾**！

表現得很好！我們**把地板電源關掉**。

喂！為什麼我一按按鈕，你們就鎖住**冰箱**！

滋滋滋滋滋！

……如何影響學習過程。

音樂來了，**想再按一次嗎**？

滋滋滋！

當然想按！

不幹。按了你們搞不好又拿走**別**的東西。

我才不按！

由於連**部分行為**或**隨機運動**都會得到酬賞或懲罰……

……**酬賞與懲罰**能用來教動物各種**白痴把戲**……

把左腳放進去，我就給你餅乾！

揮揮手，否則我把電量調到**11級**。

好，現在來個**帶動唱**。

……當然，也能教非常實用的技能。

鴿子分辨顏色的能力很強，如果在牠們**挑出特定顏色**時酬賞牠們，牠們就能幫我們**尋找落海失蹤的人**。

菲比的嗅覺超棒，所以我教她在奶奶來時吠個幾聲。

40

與史金納原本的構想不一樣，
這些實驗後來大多限於動物……

……可是，透過操作制約得到的成果，
顯然也適用於人類。

我們該放個嬰兒
進去，跟老鼠一起！

好主意！

我滾輪
玩膩了。

這麼巧？
我也是！

舉例來說，當我們更了解**自己的酬賞系統**如何發揮作用……

你大腦的**伏隔核裡**
多巴胺氾濫。

……我們對**經濟動機**
的認識更深一層……

……**對人際關係**也更加了解……

如果只差
四毛九，
每個人都想
換**大杯**。

如果要加
一美元，
他們還會想
換大杯嗎？

她會把內褲丟進**洗衣機**
而非丟在**地上**……

……前提是
我得**每週做**
晚飯一次。

也更清楚為何**與上癮有關**的社會問題如此普遍。

這將我們帶入**下一個主題**。

三、社會學習

最後一種非常重要的學習方式是**學習別人**。

我們排隊是
在排什麼？

不知道，反正
一定**很重要**。

更精確點說，我們會學習別人的行為，
即使我們**看不出他們這樣做有什麼結果**。

她一直**按**
那個鈕耶。

她按了鐵定
會**得到什麼**。

對這個現象最好的研究之一，是**艾伯特・班杜拉**的經典研究**波波娃**實驗……

他把孩子們分成兩組，其中一組
會看到成人表現出**侵略性**……

……另一組孩子**不會**看到類似行為……

我打！我打！我打打打！

……等大人離開房間之後，第一組孩子表現得比第二組**更具侵略性**。

有沒有人
想下棋？

快看！那些猩猩在**彼此模仿**！

……有證據顯示，某些動物像人類一樣分享共同**文化**。

一開始是我們**這族愛打架的**都吃了毒肉**死了**。

後來就由**不好鬥**的狒狒作主。

然後新來的狒狒也被**同化**！

喂，我該**打敗**哪隻才能加入你們？

抱歉啊老兄，我們這裡**不幹**那種事。

但因為**人類的社會學習**複雜得獨樹一幟……

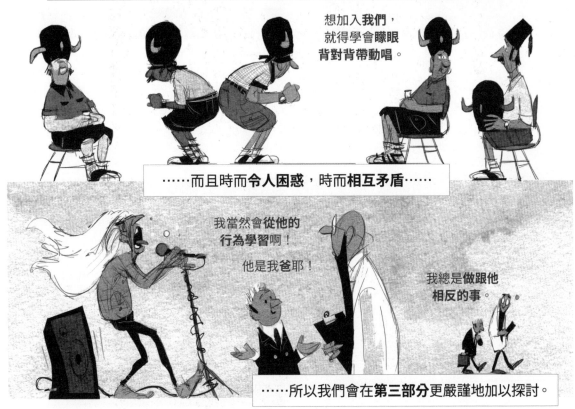

想加入**我們**，就得學會瞇眼**背對背帶動唱**。

……而且時而**令人困惑**，時而**相互矛盾**……

我當然會從他的**行為學習**啊！

他是我爸耶！

我總是做跟他**相反**的事。

……所以我們會在**第三部分**更嚴謹地加以探討。

43

因為很多心理學研究**看起來很簡單**……

按按鈕跟我有什麼關係？

……而且實驗對象是**動物**不是人……

狗流不流口水跟我有什麼關係？

……大家可能**不太會認真看待**。

我學帶動唱是要幹麼？

……所以在這一章的尾聲，我們來**看看習得的無助**這個挺可怕的例子。發現者是心理學家**馬丁·塞利格曼**。

我可以教狗狗**新把戲**！

我可以教牠什麼都不做。

他發現：如果你隨機電擊**史金納箱裡的狗**……

zzzzzt

zzzzzt

……**讓其中幾隻**狗學習避免電擊的方法……

……其他狗**不給這項控制條件**……

按這個鈕，電擊就會停。

抱歉啊，你什麼辦法也沒有。

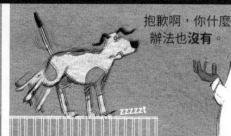

zzzzzt

……然後把每隻狗放到不同的箱子，那裡只要**輕輕一跳**就能避開電擊……

……結果，先前沒有控制條件的那些狗連**試**都不試……

zzzzzt

zzzzzt

……因為他們已經**學會無助**。

我們能學會去做能
獲得酬賞的事……

……我們也能學會
怎麼做**也是枉然**。

……**而這會帶來深遠的社會後果**。

人之所以會容忍
虐待和欺負……

……**不是因為他們
有什麼問題**……

……**而是因為他們已經不斷
學到自己根本無法控制這些事**。

暴力

貪腐

不公不義

又能怎樣？

所幸塞利格曼的研究**也**指出**希望**所在……

……在**他人協助下**，
習得的無助可以**消除**。

原來**老狗**能教
我們**新把戲**喔！

我們可以
**一起改變
這些事**。

45

在實驗室外，我們的學習方式就跟其他事情一樣**混亂**、**失序**，充滿**模稜兩可**。

真想念我**在實驗室**的工作。

但我們一旦學到某些事，不論它們是**簡單**⋯⋯

我會背26個**字母**了喔！

⋯⋯是**複雜**⋯⋯

我會背**史努比**狗狗的歌詞。

⋯⋯是**真**⋯⋯

多得幾分就能贏！

⋯⋯是**假**⋯⋯

要是我洗襪子我們就輸定了！

⋯⋯我們都能運用它們**組織經驗**。

只要學會字母，你**看**世界的方式**再也不一樣了**！

聽過史努比狗狗的歌也一樣。

這就是**由上而下嘛**！

我們接下來會看到：學到的東西不只能讓我們**了解自己的感受**⋯⋯

什麼**噁爛味**啊！？

搞清楚！這是**贏球**的味道！

⋯⋯它也能**形塑我們的記憶**。

穿雙髒襪子向來能讓我表現更好。

第3章
記憶

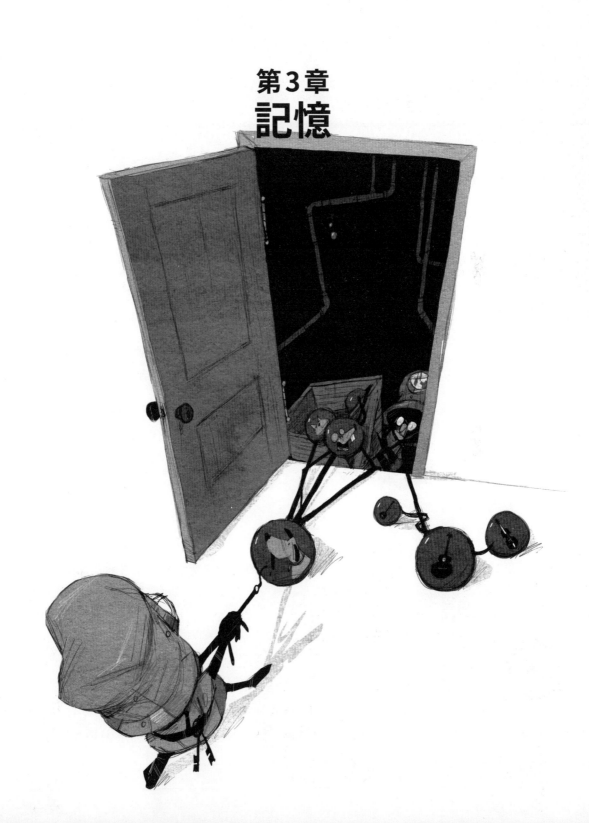

在這一章裡，我們要談的是
兩種基本記憶類型……

工作記憶

長期記憶

……以及**想法與概念怎麼在兩者之間來去**。

記憶還有**其他類型**……

……但我們先把焦點集中在最**基本**的兩種。

我們現在**先**忘了這些吧！

程序記憶

內隱記憶

圖像記憶

工作記憶
（又稱短期記憶）
包括你此時此刻正在想的東西。

長期記憶
包括你所知道、但現在
沒有在想的一切。

我得了
674個讚

我好像該
去念書了

我這次
髮型超讚

俄國首都
是莫斯科

我姊討厭
香蕉

每個星期一
下午兩點
要上代數課

大家都知道，我們不斷把**資訊**在兩者之間傳來送去……

儲存

提取

……而很多資訊會在過程中**遺失或扭曲**。

說星期二會
載我回家

1950
年生

棕眼

討厭
蛋黃醬

可愛

碧眼

老媽的
事實

老爸的事實

嚴格

1947
年生

討厭
吃蛋

聖誕禮物
想要襪子

我們的工作記憶有限……

……所以我們必須**主動保持**。

繼續練習，不然你會忘記。

事實上，我們只能同時處理大約七個有意義的資訊單元。

接住！

嗨！我叫珍妮

我得先**拋掉一個**了。

我想來罐沙士

曹口茶

穿這件外套好熱

這女生好漂亮

餅乾

現在是三點一刻

有些辦法能**把資訊組塊**，讓它們變得比較好處理……

舉例來說，用有意義的**日期**來記**數字**比較容易……

1908

2016

……把字母記成**縮寫**也容易多了。

PHD

CEO

MD

IHOP

……可是我們沒辦法同時**處理太多資訊**。

絕對不能邊開車邊傳簡訊！

心理學家阿蘭・巴德利（Alan Baddeley）的理論是：
我們處理**語文訊息**的部分⋯⋯

⋯⋯與處理**視覺訊息**的部分是分開的。

我們有**內在聲音**⋯⋯

⋯⋯來處理**聲音**。

她叫珍妮。

她從迪比克來的。

手機號碼是86753什麼的

這叫**語音迴路**（auditory loop）。

我們也有**內在黑板**⋯⋯

⋯⋯來處理**視覺**和**位置**。

這叫**視覺空間寫生板**。

這個理論有助於解釋一些**奇特**之處，
例如工作記憶如何處理**數字**⋯⋯

⋯⋯如何處理**字母**⋯⋯

由於我們**處理聲音**的方式很特別⋯⋯

⋯⋯同樣的數字用**英文比較難記**⋯⋯

⋯⋯用**中文**比較好記。

百

萬

Ten Thousand

One Hundred

⋯⋯我們比較容易忘記**聲音類似的字母串**⋯⋯

⋯⋯比較不會忘記**區別顯著的字母串**。

y f a q x j t g r b c p z v

⋯⋯以及其他特定**認知限制**。

邊聽別人講話邊畫畫很容易。

了解。

邊聽邊寫字就難多了。

嗨！我叫**布姆齊傑・麥可福索森**。
如果你跟我握手，我就給你**一百萬**。

51

如果我們認為某項資訊**以後用得到**，我們就會把它從工作記憶那邊帶走……

……**編碼到長期記憶裡。**

長期記憶

不知是好是壞，這個過程既**不完整**……

我們經驗過的很多東西**根本沒被編碼。**

妳那時的**辮子**到底是怎麼**編**的啊？

……**又丟三落四**……

被編碼的資訊經常**漏掉細節。**

我記得那時被你的**口紅迷住了**，可是現在卻想不起它是**什麼顏色。**

……**而且充滿混亂。**

即使某項記憶已成功編碼，**之後要找出它**來常常**很難**……　　……因為其他資訊會**擋路。**

我們約會那地方到底叫什麼來著？

好像是**在那邊**哪個地方。

無論如何，這個過程已經算是非常有效……

我們結婚紀念日到底是哪一天？

到處搜搜，你一定找得到的。

……我們也有些方法可以加以改善。

整體說來，你越努力把某個概念和其他心理聯想連結起來……

如果你想記住我叫麥克……

……想像我騎輛 Ubike……

……拿著麥克風唱饒舌……

……一邊挑戰麥克·泰森。

處理得多深入啊！

……以後就越容易找出來。

你現在有引導搜尋的線索囉！

Ubike　麥克風　麥克　麥克·泰森

記憶選手常藉由這點增進記憶能力。

我在腦海中建了一座想像宮殿……

……我會把相關概念擺進宮殿裡的特定房間。

然後，每當我需要想起那些概念，我會在心裡走回那些房間。

我的結婚紀念日是美國國旗日，6月14日……

……我太太長得像貝特西·羅斯

……有隻六月蟲在咬她頭

*〔譯註〕貝特西·羅斯（Betsy Ross）咸信為美國國旗第一位製作者；六月蟲是甲蟲的一種。

53

長期記憶編碼之後，會形成**連結網絡**……

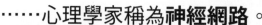

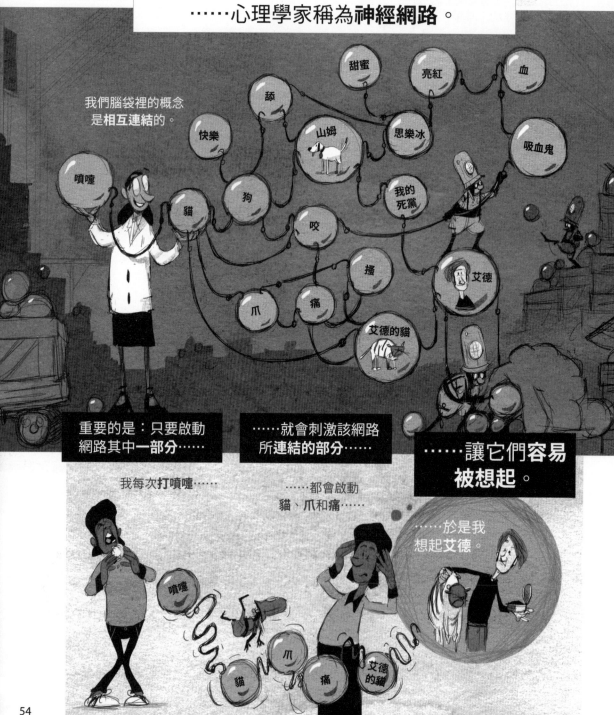

這種效應稱為激發……

想到**特定事物**……

……能激發我們記起別的事……

……因為這兩個東西在我們腦中是相連的。

……它能影響**認知經驗的所有面向**，包括我們處理**視覺、聲音、氣味**的方式……

拜託別用**那種**香水。

玫瑰

假髮

火辣雙腿

那種香水

奶奶

假牙

……以及我們**對於事物的立即反應**。

第一章裡講的**由上而下**過程常是這樣發揮作用。

快逃啊！

尾巴

條紋

貓

老虎

這也能說明：為什麼我們學到特定事物的場所……

去接比利

辦公桌

漢堡王

壓力表

安全事項

潛水

……會深切影響我們能否好好記住他們。

我**在辦公桌前**接到比利電話，跟我說去哪接他……

……可是我現在**在車上**，我想不起來該去哪接他了！

我**潛水時**背了一些很重要的東西……

……但我一到**陸上**就想不起來了！

這叫**情境依賴記憶**！

時間一久，我們的神經網路會變得**極為複雜**。

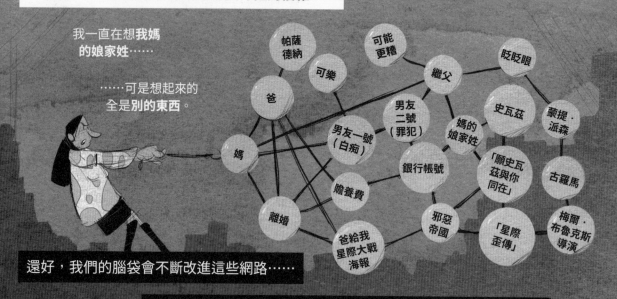

我一直在想**我媽的娘家姓**……

……可是想起來的全是**別的東西**。

還好，我們的腦袋會不斷改進這些網路……

……方法是**強化我們最常用上的連結**。

你越常**想起**的……

……就也越容易**記起**。

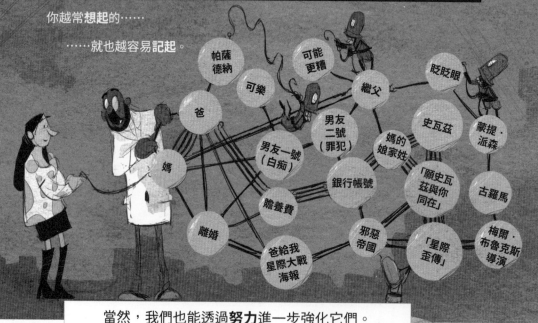

當然，我們也能透過**努力**進一步強化它們。

如果妳想好好記住媽媽的娘家姓，就把她想像成**這樣**。

願**史瓦茲**與你同在。

事實上，我們**越努力**提取特定記憶……

……以後就**越容易**提取它們。

一分耕耘一分收穫！

或許這能解釋為何**參加考試**比多花時間讀書更能延長記憶。

讓學生記下**一組事實**之後……

……給其中一半的學生**練習考**……

……給另一半的學生**多點時間讀**。

梵谷＝星夜
竇加＝芭蕾舞者
馬格利特＝蘋果臉
達文西＝蒙娜麗莎

時間到！

現在提取你的記憶吧！

吼！

簡單。

雖然多點時間讀**略微有助於短期記憶**……

……**長期來看卻有反效果！**

妳現在**多學到一點了**喔！

妳後來**忘了更多！**

五分鐘後記得的比例

0.8
0.7
0.6
0.5
0.4
0.3
0.2
0.1

閱讀．閱讀
閱讀．考試

一週後記得的比例

0.8
0.7
0.6
0.5
0.4
0.3
0.2
0.1

閱讀．閱讀
閱讀．考試

可惜的是，**似乎沒什麼人學到這一課。**

再來個考試吧！

不！要！

我們**第5章**談**後設認知**時，會再來談談這點。

缺點是，每當我們**強化特定連結**……

……就會**削弱其他連結**。

當你牽動這些線索……

……它們旁邊的線索會變得較弱。

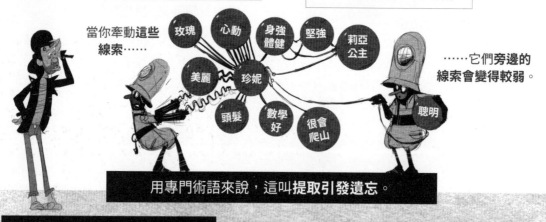

用專門術語來說，這叫**提取引發遺忘**。

如果我們記下**一組相關詞**……

……可是只練習提取**其中幾個詞**……

好，哪個水果以「ㄆ」開頭？

蘋果！

哪個水果以「ㄊ」開頭？

桃子！

……**會降低我們提取沒練習的詞的能力！**

我還記得**蘋果**和**桃子**……

……但其他水果想不起來了。

雖然這種機制通常很有**幫助**……

……但當我們真的**需要舊資訊**時，這會造成問題。

我幹麼去記**前三次**我停在哪裡。

我只要記得今天停在哪裡就好了。

*&$#!

當我們遺忘某些東西，並不代表它們不見了……

……而是因為其他記憶擠過來擋路，所以它們變得比較難找。

人為什麼在以為自己完全忘掉某件事時……

……會突然因為某些線索而記憶湧現，原因正在於此。

我們蜜月是去拉斯維加斯。

才怪！我們是去巴黎！

不知是好是壞，在**編碼記憶**時，我們總會遺落細節……

這次蜜月旅行好**浪漫**啊！

……於是，我們之後提取記憶時，也總會用**相近的事填補空白**。

請問你們是去哪裡度蜜月？

快啊！我們得趕快找個跟浪漫有關的**地方**！

這個應該可以。

浪漫

巴黎

艾非爾鐵塔

拉斯維加斯

燭光

紅酒

結果就是：我們的記憶經常**被眼前的關聯扭曲**……

我**一直都是**精心打扮呢！

少來，妳大學時連腿毛都不刮。

我一直很討厭熱狗。

呵呵，在妳因為**吃太多**而反胃之前，妳愛吃得很。

……所以，我們以為真的發生過的事，常常是**新東西混搭舊東西**的拼裝物。

我們一直看彼此不順眼。

其實我們結婚前很相愛的。

欸，你看，原來我們蜜月是去紐華克！

啊，對耶，我們那時覺得那裡很浪漫。

60

這可能帶來**令人困擾**的後果。

我們的記憶可以被**操弄**。

舉例來說，有些研究顯示：讓受試者看**車禍影片**……

哇啊啊啊啊啊啊啊啊啊！！！

……看完後立刻詢問特定問題……

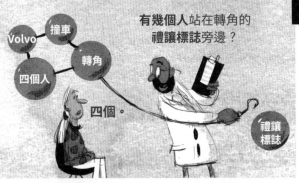

有幾個人站在轉角的禮讓標誌旁邊？

Volvo　撞車
四個人　轉角

四個。

禮讓標誌

……這些問題的問法，會讓他們**以後回憶時想起根本沒發生的細節**。

我記得有**四個人**站在禮讓標誌旁邊。

影片裡根本沒有**禮讓標誌**。

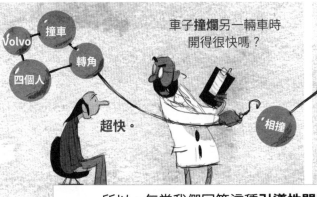

Volvo　撞車
四個人　轉角

車子撞爛另一輛車時開得很快嗎？

超快。

相撞

快　滿地玻璃
粉碎

車子撞爛時，碎玻璃散了一地。

根本沒有碎玻璃。

所以，每當我們回答這種**引導性問題**，我們可能都**在自己的記憶中加進細節**……

那個拿麵糊丟你、拿糖霜撒你朋友、又偷你麵團的嫌犯多高？

麵糊　麵團
糖霜　麵包師

……對**刑事司法**來說，這會造成**嚴重問題**。

一定是他。

總而言之，記憶**就像傳話遊戲**。

離源頭越遠……

……就越不可靠。

刺蝟爬進罐子裡。

熱狗掉進果醬裡？

我們記得的東西並**不像快照**。

它比較像我們就發生的事對自己講的**故事**。

那條魚超**頑強**，力氣超大，我**幾乎**拉不上來。

而且牠有**夠大尾**，差點跳出船外。

由於每次**啟動神經網路都會改變它**……

……**講古的確會改變我們的記憶**。

醜陋　頑強　手臂痠痛　我六歲

我瘦巴巴的

我釣的第一條魚

我的船很小

凶惡

力氣大　超大一條

那條魚力氣跟我一樣**大**，又醜又**凶**……

而且**大**到船裝不下。

我釣過一條跟那隻**一樣大**的魚。

真的，我**有**釣過。

第4章
思考

讀到這裡，我們已經學到我們如何了解自己**直接經驗到的事**。

可是，世上到處都是**我們之前未曾遇過的事**……

……而我們也需要**了解它們**。

那什麼東西？

不知道，但我很確定我們該**逃**！

所以在這一章裡，我們要談談**我們怎麼思考自己未曾經驗過的事**。

我們怎麼知道它來意不善？

捷思法！

範疇化！

假設檢驗！

展望理論！

我們接下來會看到，這是個**挺混亂的過程**，原因在於**一個鐵一般的事實**：

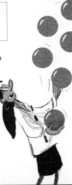

我們的心理能力**有限**。

還記得第3章談過的嗎？
我們的**工作記憶**……

……只限於**大約
七個資訊單位**。

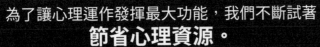
為了讓心理運作發揮最大功能，我們不斷試著
節省心理資源。

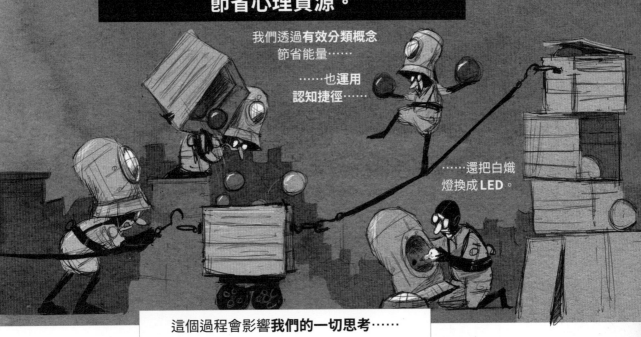

我們透過**有效分類概念**
節省能量……

……也運用
認知捷徑……

……還把白熾
燈換成 **LED**。

這個過程會影響**我們的一切思考**……

妳為什麼考
不及格!?

……**不論我們思考的是什麼**。

因為我很會**節省
心理資源**。

記住這點之後，就來看看我們
是怎麼處理**範疇**的吧！

我們在世界上遇見的很多東西，都能用它們的**共同特點分組**。

看起來像**這個**
的東西……

看起來像**那個**
的東西……

……而且會哞……

……而且會吼……

……而且可以**擠奶**……

……而且會**暴衝**……

……是恐怖的叢林大貓。

……是牛。

由此而生的**心理範疇**能幫助我們**預測其他特徵**。

只要發現**那些**特點之一，
就別找牠**擠奶**喔！

奶

哞

吼

暴衝

當然，這並不保證我們的心理範疇**永遠正確**……

我覺得這東西很**可愛**，也**軟軟的**，
好想**摸**一下喔……

……可是這種
東西會**咬人**。

……但它們真的很**有用**，我們也一直在**建立並修正它們**。

壞

可愛

軟

摸

那麼，**好的範疇**應該具備哪些條件呢？

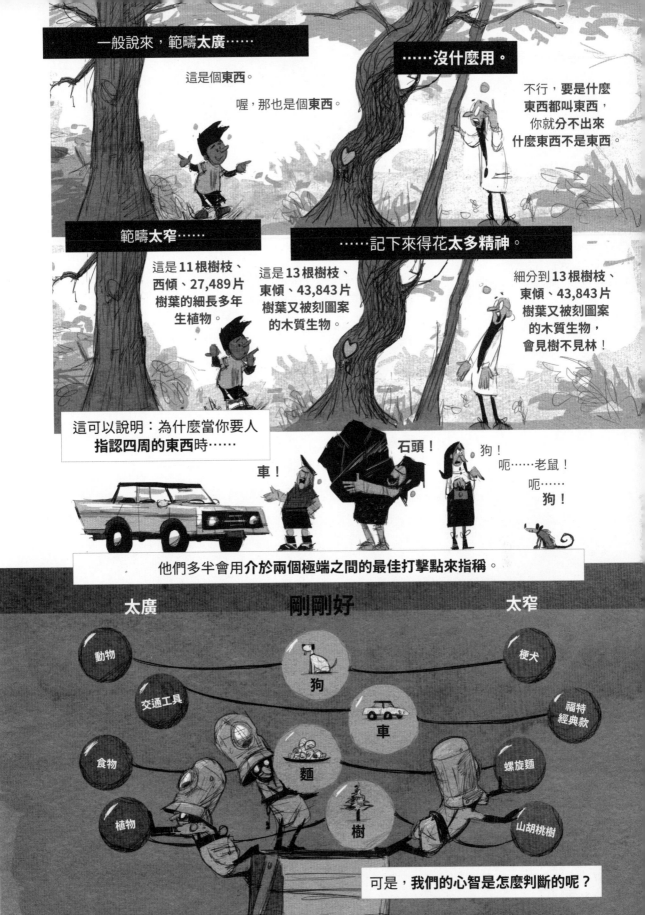

範疇的運作原理完全符合我們學過的**神經網路**。

最強韌的連結是我們**最常用**的那些。

當我們見到東西時看出共同特徵……

它們看起來好像。

它們都有樹幹、樹枝和葉子。

……會強化特定心理連結……

……並削弱其他連結……

有些樹皮粗糙……

……有些樹枝彎曲。

可是全都是樹。

……最後，我們的注意力會集中在非常熟悉的整體範疇上。

我看到樹時，會知道那是**樹**……

樹！

……可是，我就是記不起**橡樹**和**楓樹**的區別。

橡樹

楓樹

範疇形成之後，就能幫助我們了解以前從沒遇過的東西……

那個東西是什麼？

它有**樹幹**和**樹枝**，可是**沒有葉子**。

所以**它不可能是樹**！

……但當然，我們無可避免會因範疇犯錯。

男生是**短髮**。

女生留**長髮**。

如果你剪短髮，你就**不可能是女生**。

我們會在第12章進一步解釋**刻板印象**。

我們在了解世界時，經常會**拿已經知道的事⋯⋯**

⋯⋯去評估和推測自己不知道的事。

我喜歡起司⋯⋯

⋯⋯我也喜歡**通心粉。**

那我會喜歡**通心粉加起司**嗎？

理想上，我們這樣做時應該像台**超級電腦⋯⋯**

⋯⋯整合所有可以得到的資訊做出**最佳決定。**

我是**理性人！**

如果我用美食評鑑分數的平方乘以價格，再加上鮮味評鑑得分的對數，然後取 47 分以上的⋯⋯

⋯⋯那就是**正確決定。**

然而在現實生活中，我們必須處理的資訊經常**超出能力範圍⋯⋯**

⋯⋯於是我們抄並不完美的心理捷徑加以回應⋯⋯

這菜單看得我**頭都暈了！**

你可以**減少**你所考量的**資訊量⋯⋯**

⋯⋯或者**降低**你想這件事的**思考量。**

這叫**捷思法。**

很重要的是，雖然捷思法可以**節省心理能量**……

……它也會**扭曲我們的判斷**。

我就別費神看完**整本菜單**吧！

他只點了開胃菜。

這可以解釋為什麼心理學家這麼愛**給它們取名**。

觀眾反應捷思法、品牌捷思法、從眾捷思法、國籍捷思法、辨識度捷思法、唐倫捷思法、不傷害捷思法、努力捷思法、代言捷思法、等重捷思法、專家捷思法、字序捷思法、可能性捷思法、極簡捷思法、義憤捷思法、峰終捷思法、價格捷思法、優先性捷思法、快速捷思法、有限性捷思法、擇優捷思法、熱光捷思法、利弊權衡捷思法……

就叫它**命名捷思捷思法**吧！

最重要的捷思法之一是
便利性捷思法：

我們往往傾向把某些事情想得
更可能發生……

……只因為我們更容易想到這些事。

我才不去海裡哩！

妳看過《**大白鯊**》或《**巨齒鯊**》嗎？

結果就是：我們往往是以**次佳資訊**（suboptimal information）做決定。

其實呴，每年被販賣機**弄死的人比鯊魚還多**。

哇！
他們應該拍部《**巨齒販賣機**》！

另一條心理捷徑叫
定錨捷思法：

船長，我們還得在這港裡耗**多久**啊？

不知道耶，也許 **99 天**吧？

船錨出售：
$99.99

在我們需要**評估價值**時……

……我們傾向**以自己剛剛聽見的其他數字為評估定錨**……

您願意出多少價買這輛車呢？

不知道，**$30,000** 吧？

那個業務員說 **$33,000**，應該不會差太多。

……即使這些數字和我們要做的判斷**完全無關**，也是一樣。

我 **98 磅**重，你猜我幾歲？

不知道，**70 歲**？

我 **7 石**重，妳猜我幾歲？

不知道，**25 歲**嗎？

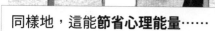

同樣地，這能**節省心理能量**……

……但當我們**用錯錨**，就會造成問題。

你覺得該花**多少錢**買這瓶紅酒？

嗯……它是**波爾多赤霞珠葡萄釀造的，年份很好**……

……我想可以出 **$99**。

這酒是**廉價品**！

我 **33 歲**！

其實你出 **$20,000** 就能買下這台車了。

綜合來說，當我們抄**心理捷徑**時，
心理學家稱之為一型思考系統

心理捷徑又**快又簡單**……

……而且非常依賴
先前的心理連結……

……在使用心理
捷徑時，我們往往
**渾然不覺自己
正在思考**。

而當然，我們也能更**緩慢**、更**仔細**，像**演算法**一樣推理，
這叫二型思考系統

這種方式有點
像**數學課**。

可惜的是，因為二型系統需要下苦工，
我們通常**懶得這樣做**……

……於是**偏見總大搖大擺橫著走**。

他講的證據有夠
冗長也有夠**無聊**……

……但他的**結論我贊成**，
所以我會投他一票。

73

二型思考系統了解世界的
方式之一，是積極
檢驗假設。

來！我們去挖些新資訊出來，
挑戰一下我們現在的看法吧！

可是，雖然這是**科學研究的關鍵**，在人生其他時間，我們這樣做的能力**奇差無比。**

這是科學方法……

……但對我們的大腦頗傷。

首先，我們都很容易
掉進**確認偏誤，**

亦即，我們傾向只看**能支持我們既有信念的證據。**

大象好聰明喔……

……看看牠們
睿智的眼神。

大象壞透了……

……看看他們
尖利的大牙。

這既能影響我們如何**收集證據**……

我在讀
《你不知道的厚皮
動物：聰明敏銳篇》。

我買了
《你不知道的
厚皮動物：
老奸巨猾篇》。

……也會影響我們如何**詮釋證據。**

插播最新消息：
有隻大象剛剛踩到人。

一定是那個人貪心，
侵犯到牠的領域。

一定是那頭象
貪得無厭，侵門踏戶
闖進人的領域。

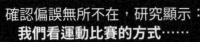

確認偏誤無所不在，研究顯示：
我們看運動比賽的方式……

……還有看政治辯論的方式……

猛虎隊對大綠隊！

大象對驢子！＊

……都取決於**自己支持的是哪一方。**

他們作弊！

我們
贏了！

換句話說，因為我們會為自己**信念配上經驗**……

還記得嗎？我們
越常**啟動**的神經網路
會變得越強韌……

……所以我們會用它們
來詮釋新的事實……

……並填補
記憶空白。

道德

慷慨

友善

我喜歡

大象

共和黨

尖酸
刻薄

有錢

共和黨

奸猾

我不
喜歡

大象

……所以在**檢驗自己的想法**時，我們常常只是在**確認自己已經相信的觀點。**

減稅證明共和黨
有智慧。

減稅證明共和黨
很貪。

減稅

智慧

減稅

貪婪

＊〔譯註〕美國分別以象與驢
代表共和黨與民主黨。

75

最後，還有其他偏見會影響我們
評估風險。

這是**展望理論**
的範圍……

……關於
我們怎麼
評估**展望**。

首先，我們通常**不善於
評估可能性。**

這**百分之百**
是匹好馬！

你全都
精算過了嗎？

我們**高估**不太可能的事……

被**鯊魚**咬死的機率只有
兩億五千萬分之一。

我就是**不下水。**

……也**低估**滿有可能的事。

來另一場**颱風**的
機率是98%！

我就是要在
這裡重蓋。

最重要的是，我們評估得失的角度經常會**隨情境改變**……

撿到一千塊，
感覺超爽！

掉了一千塊，
有夠鬱卒……

……反正贏了樂透，
區區一千塊算什麼？

……連襯衫都被搶，
掉了一千塊又怎麼樣？

……這也會對我們**做經濟決定**的其他要素產生影響。

會吸引我們**出門
搶購**的……

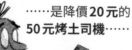

……是降價20元的
50元烤土司機……

……不是降價20元
的**20,000元的車。**

可是，這兩種
情況不是都能
省20元嗎？

知道我們有多
討厭損失，
你一定會大吃一驚。

我無論如何都**不想輸**。

這叫**損失厭惡**！

我們大多數人都喜歡
遇到**這種情況**……

……而非這種……

……雖然**結果是一樣的**。

哇！撿到
10塊！

哇！又撿到
10塊！

哇喔！一次
撿到30塊！

天啊！
掉了10塊！

不論哪種情況，
妳手上最後
都有**20塊**啊！

因為我們**避免損失的欲望非常強**……

我在黑傑克酒吧**贏了500塊**……

……後來又**掉了一張500塊鈔票**……

……結果我**心情比一開始還糟**。

……涉及風險的決定深受**它們怎麼被呈現**影響。

如果賭局強調的是**損失**，
我們更可能**賭一把**……

……如果賭局強調的是**獲得**，
我們會比較**保守**……

……雖然**機率是一樣的**。

這裡是5000元。
您願意**損失一半**呢？
還是擲銅板拚輸贏？
贏了**全拿**，輸了**全沒**。

我才不想
有損失，我要
賭一把。

這裡是5000元。
您願意**留下一半**呢？
還是擲銅板拚輸贏？
贏了**全拿**，輸了**全沒**。

還是安全一點
好了，我留下
2500元就好。

不論是哪種情境，您都
只有兩種選擇啊：要麼
是直接拿**2500元**走，
要麼是賭一把拿**5000元**
或一塊錢也拿不走。

在**賭場之外**，也有不少決定會受**框架效應**影響。

這地方發生水災，很多
災民流離失所，我們應該
有辦法救出一些。

總統先生，您希望
我們怎麼**呈現
各種選項**呢。

總之，不論我們思考的是什麼課題，
我們通常會抄心理捷徑。

雖然這些捷徑有助於我們節省**心理能量**，
它們也會把我們**領入歧途**。

**最簡單的方法是
一直往右轉。**

但你要是一直
往右轉，你會**永遠**
都在這裡打轉！

我們接下來會看到：這種追求認知效率的本能，
也會影響我們如何看待**自己**。

你是**認知小氣鬼**！

我知道你是啊，
但我是什麼呢？

Part 2
了解自己

第5章
後設認知

妳怎麼**知道**……

……妳**知道**……

……妳**知道**什麼？

還有，妳怎麼**知道**……

……妳**不知道**什麼？

我們不只會思考。

我們也**思考**「思考」這件事。

我有**個想法！**

這叫**後設認知**。

可是，**我們有多善於思考**「思考」呢？

我**知道**些什麼？

這叫**後設知識**。

我能**記得**些什麼？

這叫**後設記憶**。

這一章要討論的是**我們的自我評估**……

……並探究**這些評估可不可靠**。

我**思考**，所以我**存在**。

但想出這個並**不能**
讓你**更值得信賴**。

在記得你**向來**知道的事上，
你表現得**不算太差**。

但在記得你本來**不知道**的事上，
你表現得**很爛**！

我選**最後一種**。

問題範圍有**植物學類**......

......**量子物理類**......

......還有**棒球類**。

......但我們有某些**系統性偏見**,其中不少與**過度自信**有關。

棒球的事我**全都知道**。

首先,如果我們知道自己**很容易能得到資訊**,我們常傾向以為**自己真的知道這件事**。

好的,請問棒球傳奇**油罐波伊**的綽號是怎麼來的?

我知道!

我現在**Google 一下**就知道!

換句話說,我們把「**我現在就查得到**」的感覺......

......誤解成「**我記得很清楚**」。

我是**全校最聰明的學生!**

我們看看**沒有書**的話你多聰明吧?

類似的謬誤還有**很多**......

我們也傾向**高估自己了解事物多深**。

這叫**解釋深度的錯覺**！

如果我們知道某物的**作用**何在……

那玩意兒就**降溫**的嘛！**你白痴啊？**

……也知道它的**組成部分**……

不就是個有電線又有風扇的箱子！

……我們會以為自己夠**了解它**了……

廢話！我當然知道**冷氣是怎麼運作的**！

……至少在別人要求我們**證明**之前，我們是這樣想的。

您可以畫給我看嗎？

小case，當然沒問題！

這裡是空氣進來的地方，然後差不多在這裡降溫……

……呃……

換句話說，我們光是知道**表面知識**……

……就**也**傾向認為**自己相當在行**。

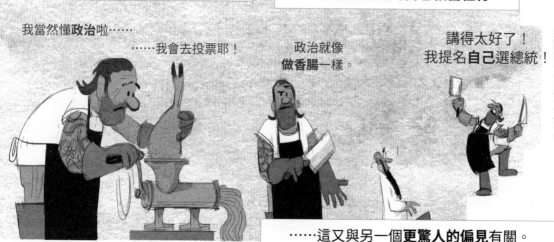

我當然懂**政治**啦……

……我會去投票耶！

政治就像**做香腸一樣**。

講得太好了！我提名**自己**選總統！

……這又與另一個**更驚人的偏見**有關。

我們對自己的知識整體上過度自信。

我確定我**十題**對九題。

其實你**十題**只對七題。

研究**一再**證明這種現象：

你們覺得自己答對**瑣碎問題**的比例多高？

我鐵定能答對**九成**。

其實你只答對**七成**左右。

這位兄台好有自信啊！**答對九成的是我才對吧～**

其實你的平均答對率只有**五成**。

我們評估自己對一般課題的知識時……

……我們的**自信**通常超過實際情況。

拼字正確率呢？ **九成答對！**

八成。

我能答對**七成**吧？

六成。

這一類的偏見會影響各式各樣的判斷，
從我們如何錯估自己對事物影響力……

我是沒**中過樂透**啦。

但號碼要是讓我來選，**鐵定更可能中。**

這叫**控制錯覺**！

……到**我們規劃時間的能力多差**，都是如此。

我確定**一個小時**就能畫完。

不可能～
這叫**規劃謬誤**！

遇上比較複雜的工作時……

我們都**以為自己能比實際上更早完成**。

奇怪，我明明四個小時前就覺得快畫好了！

*〔譯註〕瑣碎問題指的是類似益智問答的問題。

在這光譜背後的原理是：**懂得最少的人**通常**最無法察覺**自己懂得多少。

其實妳**當掉了。**

我有自信考**一百分。**

很多研究都觀察得到這種結合……

這叫**鄧寧－克魯格效應！**

我會的**詞**多得**罄竹難書**啦，超屌！

我**博學多聞**到**笑死人。**

我**多才多藝**又有**自知之明。**

其實你**笨手笨腳**又**毫無自覺。**

……啟發科學家設計出這些實驗的，正是現實世界裡一些**驚人愚蠢**的例子。

檸檬汁可以當隱形墨水……

……所以我**搶兩間銀行**時都在臉上抹檸檬汁。

從某個角度來看，這種**結合**其實**很有道理**……

……但**沒那麼白痴的人**應該引以為戒。

如果你的**後設認知**一塌糊塗，你不會發現自己需要**改善認知。**

不論你**是對是錯**……

……**覺得自己懂得某件事的感覺是一樣的。**

幾乎每個人都認為自己的能力**高於平均值**……

……這顯然代表有一部分人**一定錯了**。

我**打牌**打得比一般人好。

你的**銀行存款**不太同意你的看法。

被問到自己**跟別人比起來**能力如何時……

……我們常只看自己，**忘了別人**。

 我投球**很強**！

我覺得自己是**箇中翹楚**。

所以，如果被問到的事感覺起來很簡單，我們傾向以為自己的表現**優於平均**……

我比大多數人**更會開車**……

……有**動力方向**的車開得尤其好。

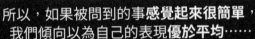

……但要是被問到的事感覺起來很難，我們往往以為自己的表現**低於平均**。

我比大多數人**更不會雜耍**……

……**邊下棋邊雜耍**時尤其差。

這把我們帶到下一個主題：**流暢度**。

當某種資訊感知與處理起來**又快又簡單**時……

……我們傾向**更信任它**。

這座新橋形**狀就像**俯衝的天鵝。

您想走看看嗎？　OK！

相反地，當處理某種資訊得花**更多認知精力**時……

……我們傾向**更感疑慮**。

這座新懸臂橋是以**卡鉗對收縮係數**進行校準。

您想走看看嗎？　呃，下次再說好了。

認知流暢度（cognitive fluency）的高低會影響我們**很多決定**……

……**政治**上是如此……

那個嘴砲王又當選了!?　嘴砲好搏版面咩。

……**財務**上是如此……

取名 POC 的股票一開始會賣得比叫 XKF 的好。

……**藥品**上也是如此……

別叫它乙醯胺酚……叫它**普拿疼**。

……但我們之所以會演化出這種傾向，原本是因為它**有助於生存**。

很常見的東西……

……**不必浪費精力**把牠趕出洞穴。

光是**重複**就能提高**認知流暢度**。

這說明了**廣告商**為什麼會**一再重複他們的訊息**。

我們**越常**處理某個連結……

……它就變得**越容易**處理。

我本來超討厭這首廣告歌，現在**倒挺喜歡**的。

深海泥**超神奇**……

深海泥**好棒棒**……

把它抹遍全身……

……它會抹去皺紋。

回春之寶深海泥！

更詭異的是，即使是不斷**重複否定訊息**，流暢度也會提高。

這位嘴砲候選人既**不聰明**……

……也**不用心**……

……**更不愛國**。

換句話說，一直聽見某個東西是**假的**……

嗯。

……**會讓你覺得它是真的**。

研究顯示深海泥**不能減少皺紋**。

不管哪牌深海泥，都給我來一瓶……

……我想**減少皺紋**。

很嚇人吧？不過，我們知道**神經網路**就是這個樣子。

我們經常**遺漏細節**……

……後來再拿些**東西補上**。

哇呀呀呀！

孩子，別怕啊！

不是每隻狗都會咬人的。

咬

狗

痛

……就能**擠開**較弱的連結。

不是每隻**狗**都會**咬人**。
不是每隻**狗**都會**咬人**。
不是每隻**狗**都會**咬人**。
不是每隻**狗**都會**咬人**。

好，
我知道了。

哇呀呀呀！

不過，我們**預見**這個問題的能力好不好呢？

爺爺，**時間**對記憶影響多大啊？

不算大，小丫頭。

拿這個例子來說，雖然我們**對自己能記得多少**的整體判斷不算太差……

我不必寫下您點的菜。

OK，我點**漢堡**。

……我們還是難以突破一個侷限：我們**將非預期事件納入考量**的能力並不算好。

抱歉！一看到廚師**把指頭切了**，我就忘了您點什麼了。

你幹麼上**魚湯**啊？

說得更細一點，我們經常以為：如果某個資訊現在處理起來很容易……

之後要回想起來也很容易。

親愛的家豪，
我滿腦子想的都是你。

我讀完大學回來以後，
妳還會記得我嗎？

當然！

無奈我們預期能力不佳——我們以後如何想起某些事情，其實會因很多因素改變……

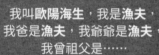

例如我們可能多常碰到類似的資訊……

我當初超肯定我會記得他名字……

……可是後來我又跟志豪、伯豪、子豪、建豪、嘉豪在一起……

……另外，特殊經驗也可能影響我們的思考。

我叫歐陽海生，我是漁夫，
我爸是漁夫，我爺爺是漁夫，
我曾祖父是……

這人超沒特色。

這些因素會在後設認知中造成可預期的錯誤。

你把我忘得一乾二淨？

抱歉，志偉，
我把高中時交的
男朋友全忘了……

……只記得那個
歐陽海生。

這讓我們得問另一個問題。

91

我們已經看到**認知流暢度**會怎麼影響我們的**判斷**……

……但它會影響我們的**記憶**嗎？

想起他對我來說是小菜一碟。

所以她**這麼喜歡他**啊！

想起他對我來說是小菜一碟。

這有助於她**記住他**嗎？

一方面，如果某件事很容易想起，我們會傾向認為**自己會記住**……

……不過，這可**不一定**。

山姆·芬克貝納，我永遠愛你。

看吧，我就說我一直都是**科幻小說迷**。

另一方面，就編碼長期記憶來說，**努力就有收穫**……

給我記下來！

我們記憶營標榜
一分耕耘一分收穫！

……如果某個連結感覺起來**不舒服**，它會激勵我們多花力氣去記。

不必記牛，牠們不會吃你。

這隻才是
生死大事！

利牙

爪子

恐怖
叢林大貓

鬍子

條紋

斑點

……常能促使我們**想得更深**。

每種動物摩西各帶幾隻上方舟？

這是陷阱題！

等等，好像哪裡怪怪的。

不是摩西，是挪亞！

水啦！你們用了**第73頁**的二型思考系統！

其他證據也指出：**額外付出努力**……

$e=mc^2$

背起來！

唉。

我**恨透了**這個記憶營。

……**也有助於**我們**記得更熟也更久**。

等你們拿到**成績單**就會感謝我了。

這就是**第53頁**說的**深度處理**！

救人喔！

當然，對於**太傷腦筋**的東西，我們根本不會費事去記……

……可是**適度**增加**難度**，似乎的確能增進**學習效果**。

詹姆斯·喬伊斯真不是人讀的東西……

……就算把《尤利西斯》整本模糊化也無濟於事。

最新改良版《漫畫心理學》……

……置入輕微電擊以增加學習效果！

最後，我們思考**自己的思考**時最大的**盲點**或許是⋯⋯

⋯⋯我們一旦知道了某個環節，就很難回憶起**還不知道時**的情況。

你一旦知道是怎麼變的，魔術就**沒意思**了。

這是因為：一旦某個概念融入**我們的連結網路**⋯⋯

⋯⋯我們就不再能設想**該網路沒有它時**是怎麼運作的⋯⋯

帕爾默去了**王子鎮**⋯⋯　⋯⋯這讓我想到**王子**⋯⋯　⋯⋯**王子**又讓我想到**紫色**。

沒了**王子鎮**，我怎麼從**帕爾默**聯想到**紫色**呢？

帕爾默　王子鎮　紫色　王子

結果就是：每當**學到新的東西**⋯⋯

⋯⋯我們就傾向**認為自己一直知道這些事**。

妳聽說了嗎？　**珍妮**搶了**艾蜜莉**的男朋友！

我**早就知道**她是爛人。

這叫**後見之明偏誤**！

在**某些事**發生之後⋯⋯

⋯⋯我們就傾向**忘記**自己當時面臨的**不確定感**。

我的馬贏了！

我一直認為牠會贏！

是喔？那你那時幹麼一直**咬指甲**？

94

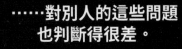

……**對別人的這些問題**
也判斷得很差。

我**回顧往事**的能力**一向**很好……

……**預測未來**的
能力更不用多說。

嗯,您看起來是**很值得信任**……

……**刷卡**
可以嗎?

這會在**刑事司法體系**裡導致**各種悲劇**……

可是庭上,我只是
載她去銀行而已……

……**我根本**
不知道她要
去搶銀行!

少來,你一定知情!
有期徒刑
30年!

……也會造成其他更常見的問題,例如…
知識的詛咒……

嚇死我了!

居然沒人會微積分!?

你們一定是白痴!

……還有它同樣糟糕
的孿生兄弟:
冒名頂替效應……

其他人一定都會微積分。

我一定是白痴。

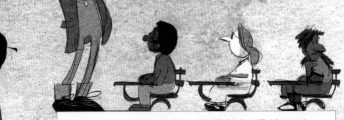

……在我們**沒考慮到彼此的知識差距**時,
就會產生這兩種問題。

總之，雖然我們可能對**自己腦海裡的事**信心滿滿……

……我們常常是**錯的**。

我當然**知道**
自己知道什麼！

可是你**不知道**自己
不知道什麼……

……也不知道以前
不知道什麼……

……更不知道將來
不知道什麼。

因為我們所有的知識都不完美。

其實，你並**不真的知道**
這**裡頭**有些什麼。

就像你並**不真的知道**
在**外頭**有些什麼。

讓情況更加複雜的是，我們腦海裡的每一件事，都會受**已經在那裡的事**影響。

你**以為**自己知道的……

……取決於你
已經知道的……

……或者說，至少
取決於你**以為**自己
已經知道的。

所以，在我們為了解自己和世界而做出推論時，必須**切記**──它們經常是**錯的**。

「推論」只是把「猜測」
講好聽一點而已……

別以為**你知道
我知道什麼**！

OK，只要你也別以為
你知道自己知道什麼就好。

……用你那**不完美
的知識**猜測。

第6章
情緒

我們都知道**感受情緒**是什麼樣子。

在這一章裡,我們要學的
是**如何思考情緒**!

去你的，蘇格拉底！

你惹毛我了！

蛤？為什麼？

這毫不讓人意外。

情緒不僅動作迅速，而且力道很強……

……在此同時，它們也令人困惑又不可靠……

……這能說明它們為什麼會給人惹來各種麻煩。

靠！我每次看到紅色……

……一把火就熊熊燒起來啊！

醬喔，那我用來炒你魷魚好了。

在這一章裡，我們要談的是心理學家怎麼看情緒。他們從三個問題切入。

什麼是情緒？

情緒是普世共通的嗎？

我們為什麼有情緒？

我們就從第一個問題開始吧：**什麼是情緒？**

最早的**現代情緒理論**是 19 世紀出現的，
由威廉·詹姆士和卡爾·蘭格提出。

正式點說，**詹姆士－蘭格
情緒理論**認為：世界上
的事件……

……引起**我們身體裡
的生理變化**……

我們**心跳加快**了耶……

我們也**滿頭大汗**……

……而情緒是對
這些變化的**覺察**。

……我們一定
很害怕！

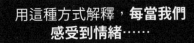

事件　　**生理激發**　　**情緒**

用這種方式解釋，**每當我們
感受到情緒**……

……都是**因為身體裡的某個生理系統啟動了**。

我**慾火焚身**！　　我沒有！

你心跳**加快**了。

你的腎上腺系統**亢進**。

妳的心跳和腎上腺系統
都**沒變化**。

這個令人訝異的理論帶出一個**重要問題**……

我**戳**你，你**哭**，
你覺得**難過**。

好有趣啊！

哪個先呢？

到底是先有**情緒**
還是先有**激發**？

而且我們可以**驗證**！

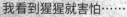

雖然情緒引發身體變化
似乎是常識……

……**相反的**情況可能才是真的。

我看到猩猩就害怕……

……一害怕就跑！

你之所以害怕，其實是
因為你一看到猩猩就跑。

換句話說，雖然我們傾向認為是情緒**造成**身體回應……

因為我高興，
所以我笑。

因為我生氣，
所以我
腦門充血。

……**詹姆士－蘭格理論**卻說是**身體先有回應**。

其實呴，你是
因為笑所以高興！

事實上呢，你是
因為腦門充血
所以生氣。

為檢驗這種看法是否成立，心理學家設計出**臉部反饋研究**。

只要用一枝
鉛筆……

……就能讓你產生
不同的臉部表情……

……然後觀察
你的感受。

我們來看看他們是怎麼做的。

研究人員發現：只要讓人**用牙齒水平咬著**鉛筆……

這個動作會讓你收縮**顳肌**，也就是你微笑時用的肌肉。

……他們會回報**正面情緒**。

我**更喜歡**別人了！

鉛筆的味道**不錯**！

這本書有趣耶！

另一方面，只要改變鉛筆的位置，讓他們**用嘴唇含住**鉛筆……

這個動作會讓你用**上闊頸肌和降口角肌**，也就是你不高興時會牽動的肌肉。

……他們會回報**負面情緒**。

我**不喜歡**你。

鉛筆的味道**超噁**。

這本書好沉悶。

最後，如果請他們**皺眉**，把鉛筆**擺在眉溝**……

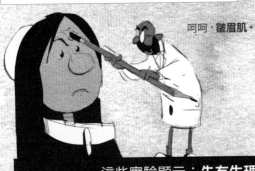

呵呵，皺眉肌。

……會帶來**困惑和／或焦慮**。

你感覺怎樣？

不要弄我。

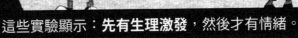

這些實驗顯示：**先有生理激發**，然後才有情緒。

我們的生理感知**先於心理覺察**。

微笑讓你**開心**……

……皺眉讓你**傷心**！

不過光是這樣還不夠，我們**還有別的**面向要研究。

雖然詹姆士－蘭格理論認為**生理激發**與**情緒**關係密切⋯⋯

不要！

⋯⋯但最近的理論很強調一個事實：情緒似乎也**需要認知詮釋**。

拜託！我的身體**與心**都好想要妳。

更準確點說，沙赫特－辛格理論主張：**同樣的身體反應**⋯⋯

⋯⋯**會在不同環境裡激起不同情緒**。

我們的**心跳**都加快了⋯⋯

⋯⋯我們也都在**出汗**⋯⋯

⋯⋯可是我很害怕⋯⋯

⋯⋯我是**陷入熱戀**！

照這種說法，我們的情緒反應**不只受生理反應影響**⋯⋯

⋯⋯**也受我們如何詮釋當下處境影響**。

如果我們給妳注射**腎上腺素**，妳的心跳會加快⋯⋯

⋯⋯妳的腎上腺系統會亢進。

如果我們接著給妳看**猩猩**的圖片，妳會覺得**害怕**⋯⋯

⋯⋯可是，我們給妳看的如果是**帥哥美女**的照片，妳會**春心蕩漾**。

事件　　生理激發　　詮釋　　情緒

恐懼

情慾

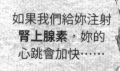

支持沙赫特－辛格理論的經典研究之一，是
達頓與亞倫吊橋研究。

請一名**女性**向正在**吊橋上**
的男性搭訕……

……也向**經過吊橋**10分鐘後
的其他男性搭訕。

我的電話是……

我的心跳得
好快啊！

我滿手
是汗。

……如果想找人聊聊，
歡迎打電話給我。

我的手現在
沒汗了。

達頓和亞倫發現：第一組男性
致電給她的比例高得多！

她是**真命天女**！

我們這一組有
65%打電話。

當然，並**不是所有**男性
都反應相同。

咦！

我們這組只有
30%打電話。

但重點在於：他們的情緒反應**深受處境影響**。

抱歉，
我能說什麼呢？

我一往下看
魂都飛了。

我們能把**恐懼**轉化成**情慾**！

所以我約會愛挑**恐怖電影**。

即使**文化**和**語言**
不同…… ……**生活環境**也不一樣……

……**世界各地**的人感受到
的**情緒**是一樣的嗎？……

事實上，心理學家大致同意：世界上每一個人應該都能認出**七種情緒**。

快樂

悲傷

憤怒

恐懼

厭惡

驚訝

輕蔑

雖然精確數字仍開放討論……

我們應該把快樂
細分成**不同部分**…… ……例如**喜悅**、
滿足還有**得意**！

還有啊，**怕被
鉛筆戳到的**
那種感覺為什麼
不自成一類呢？

但我們已有一些很好的**證據**證明：
普世共通的情緒**至少有七種**。

有幾種證據可以證明情緒普世共通。**首先，**
所有文化的人都有類似的臉部表情……

……而且能**成功辨識**與他們長相
完全不同的人的**情緒**。

把憤怒的愛斯基摩人的
相片拿給**任何人**看……

……**沒有人**認為
她是**快樂**的。

其次，有證據能**把不同情緒連結回特定生理反應**。

不論任何人在任何時間、
任何地方感到**恐懼**，他們腦中的
杏仁核都會有反應。

憤怒情緒總是與心跳
加快連在一起。

不論你是**維京人**
或**馬賽人**，
都是一樣。

最後，每種語言都以**不同的**
詞彙描述這七種情緒。

如果他們沒有經驗過這些情緒，
幹麼造出這些詞彙呢？

雖然在某些語言裡，有些描述情緒的詞
似乎**不是普世共通的**……

……或是**無法轉譯**的……

「はがい」　「Mehameha」　「Schadenfreude」

「Litost」是捷克文，結合
悲痛、懊悔、企盼……

……你得會像**棄犬**
那樣哀嚎才能表達。

可是，大多數人對這七種基本情緒的經驗極其**相似**。

雖然普遍同意我們有一組相當**共通的情緒**，最後一個問題是：

為什麼？

艦長，**你為什麼有情緒**？

史巴克，你的意思是……？

最主要的答案是：情緒有助於我們**快速判斷**。

在我看來，情緒似乎**非常不合邏輯**……

哇！

有證據顯示：形成情緒印象的時間**少於千分之一秒**……

艦長，有什麼**問題嗎**？

超快。

……換句話說，**在來得及思考之前**就必須盡快反應時，情緒很有辦法引導我們的行為。

情緒也許沒那麼**不合邏輯**。

嗝～

不只如此……

情緒發生得很快，但也很會**拖**，
在有意識的記憶消失後還會延續很久。

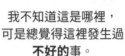

我不知道這是哪裡，
可是總覺得這裡發生過
不好的事。

要驗證這點有個聰明辦法：**拿嗜血
殺人狂**的照片給**失憶症**的人看。

這個人**很殘忍**，
作案冷血無情。

等個五分鐘之類的……

……失憶症的人
不會記得這張臉……

……**但情緒印象還在！**

你看過這張相片嗎？　**沒有**。

可是我**不喜歡他**。

情緒對記憶健全的人也會發揮同樣效應……

……**但延續得更久**……

哈哈！我**騙光了
你全家的錢**，
怎麼樣啊？

不知道為什麼，我從小
就不信任穿**格子**衣服的人。

……而且似乎對於我們**對別人**的判斷影響特別深。

不知道為什麼，我就是不喜歡**他**，
但我想一定有**原因**。

第12章刻板印象
會談得更仔細喔！

107

正如前面所說，情緒能讓我們**在當下立刻反應**……

但**也會在以後繼續引導我們的行為。**

你想讓我一直用鉛筆戳你額頭嗎？

不要！

心理學家之所以認為情緒是**重要適應工具**，原因正在於此。

幾百萬年以前，我們的老祖宗遇到危險時會**這樣叫**。

哇啊啊啊！

這會讓我們**這樣反應**。

可是，雖然情緒對我們的生存顯然相當重要，它們**並非絕對可靠**。

我們現在隨時聽得到**這種聲音**。

哇啊啊啊！

這還是讓我們**產生同樣的反應**。

這可以解釋我們何以從**骨子裡**對特定聲音有**負面感受**……

我覺得**好怕**！

你並沒有危險，我只是**打鼓**而已……

……我也只是用**指甲刮黑板**而已。

……還有為何我們的情緒反應有時會**蓋過較佳判斷**。

這房子快垮了。

但它要是有剛出爐餅乾的香味，我的客戶就比較不會注意。

尤其是，情緒的欺騙性拉力可能造成**魔幻型思考**。

也就是說，我們明明**知道**自己的想法**不理性**……

……卻還是忍**不住**照做不誤。

我知道**不這樣做也沒差**……

……但我**每次**去火山獻祭，都非戴這頂**幸運帽**不可。

舉例來說，遇到**這種**情況時……

買個知名品牌的全新**馬桶座**，

把**蘋果汁**倒進裡頭……

……**舀**一杯出來。

請用！

來一杯吧！

……**大多數人就是辦不到**。

艦長，你被情緒蒙蔽了**判斷**。

蘋果汁**新鮮**得很啊！

我還能說什麼呢，我**只是正常人而已**。

109

情緒的另一些運作方式**可以預料不會可靠**。

正向偏誤指的是人回憶裡的過去往往**比實際上更好**。

我小時候得在下雪天走路上學，沒鞋穿喔！光腳踏在地上凍得像是著了火一樣。**來回都是這樣！**

喂，那可是**美好舊時光啊**！

事實上，如果你請人們**每天記錄特定事件帶給他們的情緒強度**……

這個甜筒？
8

這場派對？
7

生產有多痛？
11

被鉛筆戳有多不爽？
9

……可以預見的是，**隨著時間過去**，他們**評比的強度會越來越低**！

那個甜筒？
6

那場派對？
5

生產有多痛？
5

4

諸如此類的研究顯示：**所有的情緒回憶都會隨時間消褪**……

……**但負面情緒消褪得更快**……

照我**日記記錄**，我當時給那件事**10分**……

……怪了，這跟我記憶中**不一樣**。

妳不記得**生孩子多痛**了嗎？

管他的，我們再生一個吧！

……結果就是，我們的整體回憶傾向**更正面**。

人總是戴上**玫瑰色的眼鏡**回顧過去。

另一種偏誤是**忽視持續時間**。可以預見的是：
我們會**忘記**情緒經驗的**時間長度**……

你被吊在這裡**多久**了？

不知道。

……但會記得**尖峰強度**和**最終強度**。

舉例來說，如果你請
一些人**把雙手浸在冰水
裡剛好五分鐘**……

……然後讓**其中一些人
把手放進比較不冷的水裡，
再放 30 秒**……

……**第二組人對整體
經驗的感覺較不痛苦**！

8

6

在這類情況中，如果請他們給整體經驗評分，
他們通常會取**尖峰強度**與**最終強度**的平均值。

混雜快樂和痛苦的**快樂經驗**
似乎尤其如此。

$$快樂經驗 = \left(\frac{尖峰強度 + 最終強度}{2} \right)$$

結果就是，只要能**改變這個經驗的最後
一段**，你就能扭曲一個人對它的好惡感受。

這種偏誤已被應用在醫療之中，幫助
削弱疼痛與特定**不適醫療處置**的連結。

每次我整完學生都會
給他們冰淇淋吃……

……這能讓他們
留下**比較美好
的記憶**。

我把這玩意兒塞進去後，
會讓它在裡面待一下子……

……這能讓你覺得
它**沒那麼痛**。

在這一章裡，我們談到情緒
如何後於生理變化……

……但也受我們對這些
變化的**認知詮釋**影響。

我切洋蔥時總會**掉淚**……

……這讓我覺得**傷心**。

這是詹姆士－蘭格理論！

老爸，沒關係啦，我可以弄些**屁聲**，
讓你的眼淚變成**爆笑之淚**。

這是沙赫特－辛格理論！

我們學到情緒如何**幫助我們快速回應重大事件**……

……還有它們會延續得比我們
有意識的記憶更久。

史巴克，快逃啊！

可是艦長，這不合邏輯啊！
牠看起來滿**可愛**的呢！

我不記得自己怎麼知道
這種東西很**危險**。

總之，情緒是幫助我們了解碰上的事
的重要工具……

……雖然它們有時候會**誤導我們**。

我覺得我**戀愛**了。

別傻了，那只是因為我讓你
以為自己心跳加快。

第7章
動機

你的**動機**是什麼？

你的角色想向**大家證明**
他**怕大蜘蛛很正常**，還有……

我不是問角色！我問的是**我的**動機！

我幹麼在這種白爛片上浪費生命！

為我們的行為提供動機的原因五花八門。

為錢工作。

為愛工作。

為錢而愛。

亞伯拉罕·馬斯洛的**需求層次理論**，是**為動機分類**的最早嘗試之一。

金字塔底端是**最基本的需求**……

……包括維持生存**之所必需**。

金字塔頂端是我們的**最大潛能**。

如果我們達到了，就得到**真正的幸福**。

- 自我實現
- 尊嚴
- 歸屬感／社交需求
- 安全
- 生理需求

照馬斯洛的看法，我們會**從底部開始**……

促使我行動的動機是**飢餓**、口渴、溫暖和氧氣。

……**一路爬到頂層**。

我的行動動機是**詩歌**、音樂、真理和香氛蠟燭。

而且**我們只有在滿意一個層次之後，才會再往上爬。**

等我吃飽之後……

……我會想確保**自身安全**……

……接著會尋找真愛……

……再來會想提高地位……

……最後我**開悟了**。

當然，這個模型**過於簡化**。

在戰壕裡
不准寫詩！

誰告訴你可以
不照順序來！？

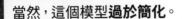

它雖然能幫助我們區分
相互矛盾的動機⋯⋯

我追求的是穩定**與**刺激。

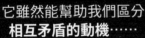

⋯⋯卻無法處理一項事實：我們經常為較高層次的需求**犧牲**較低層次的需求。

我不吃，因為
它不安全。

我不吃，因為
它不夠酷。

我不吃，因為
我現在**低自尊**。

我為**信仰禁食中**。

無論如何，我們就姑且先以
馬斯洛的金字塔為**跳板**⋯⋯

**⋯⋯因為人們確實傾向把安全
和食物的順位排在前面。**

在確定裡面**沒有鯊魚**之前⋯⋯
⋯⋯**我才不跳**。

首先，我們**吃東西**的動機是什麼呢？

這似乎是**很簡單的問題**，但它可沒有簡單的答案。

吃東西是
為了**活命**啊！
廢話！

那我為什麼**一吃**
就停不下來？

舉例來說，我們**吃飽**時，身體會發出**生理信號**。

腸道和脂肪細胞
會分泌飽食激素。

欸，跟中央指揮所
說別再吃了！

增加 **PYY**！

增加**瘦體素**！

但生理信號**很容易被心理信號動搖**……

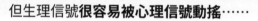

舉例來說，如果把
飲料上的標籤換掉……

……我們對這份經驗
的**詮釋也會跟著改變**。

特大杯

低卡

中央指揮所
認為這杯奶昔
是「**低卡**」。

所以我
們多喝
幾口吧！

……因為心理信號的作用**強得多**。

這些激素怎麼敵得過**動物
脂肪、鹽和糖**加起來的香味呢？
毫無勝算。

再給我一打。

如果是「**低卡**」
的話，就再來個
兩打吧！

事實上，當我們試著去想自己飽了沒……

……我們傾向以眼前有多少食物去猜。

你還餓啊？

一定是……

……吧檯都還開著。

如果把食物挪開，我們會吃少一點。

如果把食物藏起來，我們就不再吃。

喔，糖果罐……

……你為什麼要離開我？

眼睛不見……

……腦袋不想……

……嘴巴不吃。

還有一個經典研究顯示：要是你瞞著我們再把食物裝滿……

……我們會不知道何時該停。

要是我們用的碗能不露痕跡地把湯盛滿……

……喝的人會多喝73％！

奇怪，我的眼睛是不是比胃還大啊？

這能說明為什麼用小盤子吃東西就能幫助減肥。

我吃舊石器式低糖生酮排毒無麩質葡萄柚減肥餐。

我吃「吃少一點」減肥餐。

我心裡想的是糖霜巧克力，肚子要的卻是熊爪糕。

……我們的**高等動機**也**不單純**。

我**吃多少**的動機取決於**盤子大小**……

……我有沒有跟這傢伙約會的動機得看**他口袋多深**。

舉例來說，根據某個經濟學理論，我們還有**外在動機**……

「外在」指的是「從外面來的」。

……所以我們會光是**為了**得到**外在酬賞**而做某些事……

跑啊！

……**為了避免外在懲罰**而做某些事。

跑啊！

然而事情**沒那麼單純**。

雖然**我們顯然會**受酬賞和懲罰**影響**……

……它們經常**產生意想不到的作用。**

我認真做事都**只為了胡蘿蔔。**

可是我不喜歡**胡蘿蔔**……

只要給予酬賞的方式稍有不同……

……**就可能造成始料未及的結果。**

我照時薪付你薪水。

那我做慢一點就能賺到更多。

我等完工一次付清。

那我草草了事就能賺得更快。

從配管到擬定教育政策，每一件事都可能受到影響……

如果你們學校的學生沒通過州級會考，就降低考績。

好啊，那我們把後段班學生退學。

……**實驗室外的現實世界**變數很多。

箱子裡的情況單純多了。

有些原本是要創造動機的行為，反而**適得其反**。

喂！我說往**這邊**走！

我討厭**胡蘿蔔**！

舉例來說，有時**付錢給人**會打消他們的動機。

小孩通常不需鼓勵
也愛**畫畫**⋯⋯

⋯⋯可是如果付錢請
他們畫畫，只要**不付**，
他們就**不畫**了。

你為什麼**不再
畫畫**了呢？

付我錢啊！

這叫**過度
辨證效應**。

相反地，有時**罰款**讓人更會去**做你不希望他們做的事**。

我們托育中心的家長
接孩子經常**遲到**⋯⋯

為什麼你又**遲到**？

⋯⋯可是我們開始為遲到
罰款之後，他們**反而更常遲到**。

因為我**付你們錢**啦！

這叫**乖張誘因**。

有一部分的難題在於：我們會**透過自身經驗的眼鏡**看刺激……

……但刺激包括千絲萬縷相互糾結的**社會意義**。

我那個爛爸爸是種胡蘿蔔的。

我老家那裡**不吃橘色的東西**。

社會意義很容易讓**動機**……

……感覺起來像**懲罰**……

嗨美女，有興趣去**我那裡樂一樂嗎**？

計程車錢我付。

把老娘當妓女！

……**反之亦然。**

你態度惡劣，不尊敬師長。

課後輔導！

哇，他好壞喔！

（嘆～）

女士們，抱歉啦，先走一步。需要**我的話可以來輔導室找。**

很明顯的是，要解釋我們如何回應**外在動機**……

……**我們得將內在因素**也納入考慮。

我得付錢給他才肯讀書……

……沒錢賺的灌籃倒是樂此不疲。

大專男籃聯賽歡迎你！

賦予我們**內在動機**的綜合因素又有哪一些呢？
自我決定理論試圖分類。

「內在」指的是「**發自內在的**」。

等我準備好
想拉才拉。

這裡的看法是：我們有
三種基本目標。

我們渴望建立**強韌的社會連結**……

我們稱此為
歸屬感。

我想受**尊重**。

我不想孤單一個人。

……對自己的**人生和行為有所掌控**……

我們稱此為
自主性。

我想要**自由**。

只要**別來煩我**就好。

……還有**增進技巧和完成挑戰**。

我們稱此為
能力感。

我希望自己**樣樣精通**。

把遙控器給我。

照**自我決定理論**的說法，當**三項目標都唾手可得**時，內在動機**最強**。

舉例來說，**學習動機最強**的時候，莫過於朋友在意我們的課業……

來啦，一起做做習題！

比一個人做有趣。

……我們能**影響過程**……

來啦，該做導數了！

好，可是我們要**先休息一下**。

……也知道**做好**的話意義何在。

你看微積分考得多好！

A

缺點，在於只要三項目標**消失一個**……

……就能**毀了**我們的動機。

別人都喜歡數學……

……只有**我**厭惡至極。

你有看到**遙控器**嗎？

一次向前走一步。

當全世界最好的驢子。

研究者發現：「**表現目標**」……

……與「**精熟目標**」……

我每週想做100個
法國麵包。

我想當**最偉大**
的麵包師。

……在**短期**內會造成**相當不同的結果**……

任務完成！

我的實驗簡直
是場**災難**。

……**長期**也是。

統統一樣，全部一樣。

我烤出**完美**麵包了！

研究者也指出：不同目標會**改變我們的注意力**……

那本書好有趣。

那件**衣服**好漂亮。

身材超好。

……以及我們的**選擇**。

我想吃口味好
的東西。

我想吃最**健康**的東西。

讓目標引導我們通常是好事……

……可是它們發揮作用的方式未必符合預期。

好好盯著這項獎勵……

……你就不會分心去看那個獎勵。

天地良心，我真的是**瞄準箭靶射出去**的。

一個尤其有害的例子是自我設限：

如果我們投身某個挑戰

我要去把妹。

……但我們的首要目標其實是維護自尊……

要是**失敗**，場面一定慘不忍睹。

……於是，我們有時會破壞自己的成功……

呃……嗯……

……嗨，能跟妳要電話號碼嗎？

不行。

……好讓自己能躲避失敗的感覺。

好吧。

她一定是討厭**這頂帽子**。

雖然如果成功，這種方式能讓成功更為甜美……

她居然說**好**……

……我戴這種帽子，她居然還說好！

她一定真的很喜歡我。

……只不過它更常把事情搞砸。

老哥，她是在**酸你**啦。

那麼，當我們不**自我設限**時……

我總是用**這把球桿**……

……這樣要是打得很爛，別人就會怪在**它**頭上。

……**目標怎麼訂**比較好呢？

不如我們**把洞挖大**吧？

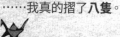

很多證據顯示：**一般目標**……

他們要我兩分鐘內**盡量多摺**。

我摺了**兩隻**。

……**不像具體目標**那麼有效……

他們要我兩分鐘內摺四隻。

我做到了！

……**而且具體目標越有挑戰性越好！**

他們要我兩分鐘內摺八隻……

……我真的摺了八隻。

這叫目標設定理論！

不過，我們能承擔的難度**有限**……

請摺**31隻**。

太難了吧！

我可不想**失敗**。

這可以解釋：為什麼我們**面臨重大挑戰時**……

我到底是哪個筋不對，怎麼會以為自己能**寫小說**？

……**我們與目標的距離**也很重要。

如果我已經摺了**27隻**，能達成目標我會很高興。

這叫**目標漸近假說**。

可是我**才摺了10隻**，這樣一來我**沒動機**了。

……同時立下一些**次要目標**是有幫助的——因為這能在**過程中**帶給我們**成就感**。

1. 寫清單
2. 吃三明治
3. 寫小說

我已經把目標完成**三分之二**了！

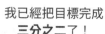

如果能對過程中可能遇上的**特定障礙**
制定特定計畫，會更有幫助。

太好了，又來個海市蜃樓！

這代表我得**繼續爬**！

這些計畫針對我們想改變的情境而設，
以具體的「**若－則劇本**」形式出現。

如果我看到**蜘蛛**……

……我就**慢慢呼吸**。

如果我看到**奶油夾心蛋糕**……

……我就**不吃**。

我們的**良好意圖**之所以經常失敗，是因為它們往往**過於模糊**……

我的新年目標是……

……**明年換個不一樣的新年目標**。

……我們遺漏的是**對如何實現它們制訂詳細指引**。

我們該去**打流感疫苗**。

如果妳寫下想去打疫苗
的日期和時間……

……就更有可能做到。

這叫**執行意圖**！

雖然我們在這一章看到不少**訣竅**……

……動機還是**不好掌握**。

我要尊重、掌控權、
成就感……

……我也要能力
範圍內的目標。

呃……換成胡蘿蔔
蛋糕你喜歡嗎？

不過，有個辦法的效果比其他動機都好。

妳怎麼有辦法**去卡內基廳演奏**？

這都跟**習慣**有關。

如果我們對某件事練習夠多，
就會**習慣成自然**……

……這就是**最可能成功的時候**。

我一直把一隻腳放在
另一隻腳前面……

……於是我會走路了。

現在我甚至不會去想我在**刷牙**……

……還是**演奏貝多芬**。

所以，雖然我們可以透過**創造動機**來改變行為……

……**浸淫其中**其實有效得多。

加油加油！
讚讚讚！

我完全**沒動機**……

……可是我**還是會做**。

第8章
壓力與健康

大事不妙！

談到這裡，我們大部分篇幅著重的是**心理狀態**……

……但想了解自己，我們也必須了解**自己的生理狀態**。

我的**心**說「**停**」……

……我的**身體**卻說「**跑**」。

壓力是**心身互動**的重要管道。

我用鉛筆戳妳的時候……

……妳的身體會叫妳的心驚嚇！

在**放鬆**的時候……

……我們的身體是由**副交感神經系統**控制……

……它負責的是**休息和消化**。

降低心跳

促進消化

通常也叫**飼養和繁殖**。

可是當**壓力源**出現……

……我們的身體會啟動**交感神經系統**……

……它負責的是**交戰和逃跑**。

增加心跳

降低消化

嚇一跳！

我餓了。

我好冷。

我挨了一拳。

我被注射刺激性化合物！

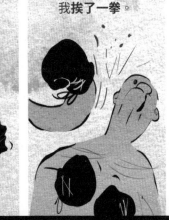

……它會**激發**我們的**戰**或**逃**反應。

我全身緊繃。

我好緊張。

我生氣了！

我發炎了。

不過，我們接下來在這章也會看到：
這類反應**也會在其他情況下激發**……

……**不論**我們喜不喜歡……

我真的覺得被
哥吉拉追耶！

超棒的！

我一直覺得被哥吉拉追，
想停也停不了。

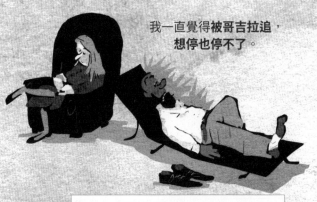

……而這可能帶來**壞的**結果。

我們之所以演化出壓力反應，顯然是為了**保持安全**。

可是除了**生理壓力**之外……

……我們**也**會感受到**心理和社會壓力**……

妳有夠**遜**。

妳好**醜**。

妳**被炒魷魚**了。

……即使它們**還沒發生**，也是如此。

他們會覺得我很**遜**……

……又**醜**……

……我遲早會**被炒魷魚**。

這些壓力**日積月累**，長期下來會造成傷害。

嚇一跳！

嚇一跳！

嚇一跳！

嚇一跳！

長期壓力會嚴重影響健康：

我得快逃。

它會降低心智能力⋯⋯

沒時間想。

⋯⋯阻礙消化⋯⋯

沒時間吸收營養。

⋯⋯破壞生育能力⋯⋯

沒時間做愛做的事。

⋯⋯削弱免疫系統⋯⋯

沒時間痊癒。

⋯⋯甚至阻礙我們的發展。

沒時間長大。

更糟的是，我們身體對壓力的反應會回過頭來增加壓力⋯⋯

⋯⋯結果比原本的壓力造成更大傷害。

我對壓力有壓力⋯⋯

⋯⋯總是對壓力有壓力⋯⋯

總是對壓力有壓力⋯⋯

總是對壓力有壓力⋯⋯

我的心臟總跳得跟**搖滾樂**似的。

這叫回饋迴路。

133

測量壓力的方法有
觀察**潰瘍**……

……取樣一種叫**皮質醇**
的荷爾蒙……

……**量血壓**……

……以及問**問題**。

您最近有沒有什麼
不舒服呢？

有啊，做這個
很不舒服。

測量結果顯示，**有些人天生比較緊繃**………

……**其他人**則否……

我A型！
我沒耐性！
我要贏！
我不能放鬆！
欸！你手上拿
的是蛇嗎？

請把遙控器給我。

……這種人**更可能罹患與壓力相關的疾病**。

他跑去哪兒啦？

醫院。

……從**公共衛生**層面來說，這個結果**意味深遠**。

他們**跑**去哪兒啦？

醫院。

這讓我們不得不
問一個**問題**：

我們該怎麼**辦**!?

第一重要的是：光是對自己的生命有掌控感，就有助於長期健康。

如果我有支矛，
我比較不會擔心。

有個頗具啟發意義的研究顯示：
有些護理之家的住民會分派到責任……

……其他住民沒有……

您可以自己
做生活規劃！

也請幫忙照顧
這個盆栽。

您什麼也
不必做。

我們會把您
照顧好的。

……前一類人明顯活得更久！

18個月後，他們的
死亡率降低一半！

我喜歡種花
勝過獻花。

這代表生活沒那麼枯燥可以舒緩壓力。

我要當主管……

……你忍心讓我做雜事悶到死嗎？

在**老鼠**身上也可以觀察到類似現象。

一直拿**老鼠**當例子實在很**煩**。

好巧，我有同感。

一再遭受隨機輕微電擊的老鼠……

喔，我的**胃**……

……比遭受電擊前**先獲得警告**的老鼠壓力**更大**。

有聽到鈴聲嗎？
要開始囉！

好像**沒那麼糟**。

有辦法停止電擊的老鼠……

……壓力甚至能降得**更低**。

電擊開始後

我拉這根桿子
就能停止！

我被電擊的時間
一樣長……

……可是我
沒有拉桿。

在實驗室工作還不賴。

喔，我的**胃**……

這說明一件事：壓力很大一部分
是來自**不確定性**……

等車真正的痛苦
不是等……

……而是**不知道車
什麼時候來**！

……所以最好的解決方法是**降低不確定性**。

我把時刻表存在手機裡
隨時能看，覺得輕鬆多了。

光是**事先知情**就能
減輕我們不少壓力……

如果知道**得等多久**……

……**等待**會變得比較輕鬆。

詮釋角度也是如此。

我只剩**半杯**。

我還有**半杯**。

舉例來說，
遇到**壞事**時……

你們都
考砸了！

……相信問題反映出**自己的永久性缺陷**，
壓力會重得多……

……認為問題只是**一時運氣不好**，
壓力比較小。

我爛透了。

總是
永遠
我很笨
注定的
是我
的錯
F

去吃冰淇淋
轉換心情吧！

我下次
會考好
至少我
還活著
試題
太爛
去他的
F

這表示我們可以**訓練自己用較為健康的方式回應問題**……

至少我們不是
被老虎追！

這叫**認知
再評估**！

……雖然這項任務顯然**不容易**。

138

較**簡單的**減輕壓力方式有**靜坐**……

……**運動**……

唵

唵

呼

呼

……**幽默**……

……及**社會支持**。

有隻**老鼠**跟個練瑜伽的
走進酒吧……

好吧，不太好笑，
可是你還是我**哥兒們**。

這些方式都已**證實有益健康**……

……對**認知能力**也有幫助。

我還沒輸！

我走完**迷宮**後要去解
希爾伯特問題！

這把我們帶往較為**神祕**的領域。

我們已經看了幾個**身體變化影響心智**的方式……

……**反過來**也是一樣嗎？

慢跑對大腦
有幫助！

真希望多做**填字遊戲**
能改善關節炎。

更精確點說：**光靠信念**是否可以改善健康？

只要你有**信心**，神一定
會**賜給你**……

……**六塊肌**！

雖然有些證據顯示**宗教信仰**能**減輕壓力**……

……**證實宗教信仰**真能讓**疾病
康復**的**證據很少**。

我運動，所以我健康。

我祈禱，所以
我健康。

您在道德上的確
行得正坐得端……

……可是這改善
不了您的**背部問題**。

另一方面，有**很多證據**指出：我們對**藥物的信心**可以發揮驚人效果！

走過路過不要錯過！
世界第一**安慰劑**！

保證能**減輕疼痛，
改善體質**……

……而且還能**增加你皮夾裡
的鈔票**，是不是啊？

當然，**安慰劑應該是沒有任何效果的。**

這只是**糖**跟**粉**而已。

它們只是用來唬弄病人。

這種藥效果驚人吶！

可是結果一次又一次顯示：它們能**影響很多生理症狀和能力。**

這是目前所知**唯一一種**能
**減輕反胃、改善失眠、降低血壓、
舒緩憂鬱、消除頭痛**的藥！

對啊，而且還能同時加劇反胃、
失眠、血壓、憂鬱和頭痛。

雖然我們不該把這些
結果誤以為是**療效**……

安慰劑之所以奏效，是因為
它能讓病人提高希望……

……但別因此
期望**太高。**

……它們卻又一次證明：**由上而下連結**影響多大。

這種藥的效果……

……**完全**取決於
你對它的信心。

放鬆　信任　藥物有效

科學　實驗袍　藥物

減輕

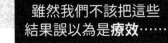

而且這不**只**限於藥物而已。

你的**所思所想**……

……**取決於你的所思所想**。

這瓶酒的味道……

……**取決於你怎麼想**。

有些研究顯示：如果跟我們**說某杯酒比較貴**……

……**我們會覺得它比較好喝**。

99.99 美元……

……這款**紅酒一定超讚**。

另一些研究顯示：如果跟我們說**某種保健食品比較貴**……

……**我們會覺得它比較有效**。

這種**貴得要命的**補充品能**防止疲勞**……

……**這種便宜貨也能**。

活力充沛啊！

我精疲力盡。

如果跟我們說某種**增強智力的補品比較貴**……

……**它真的會比較有效**。

這種**貴得要命的**補充品能**改善智力**……

……**這種便宜貨也能**。

呵呵，「CEMLIAR RECU」是把「MIRACLE CURE」的字母重新排列組合！

「COBELAP」重新排列組合……

呃……？

此外，還有**以為是酒效應**。

這種酒叫**安慰劑**。

如果跟我們說某種沒有酒精的飲料**含有酒精**……

……我們喝了還是會**醉**。

再喝一輪！

屑靴。

我愛你啊哥兒們！

你在看誰？

嘖嘖嘖嘖嘖嘖嘖

由於這種效應**非常強**，有些研究者認為：喝醉與**預期心理**的關聯……

……就跟**化學作用**一樣大。

這種酒好烈啊！

用什麼調噠？

檸檬汁、糖漿、苦精，再加一點**謊話**。

因此，我們長久以來對**神奇療效**和**減肥飲食**的執迷……

……也許很大部分取決於我們**相信它們有效**。

我吃舊石器式飲食……

……**而且無麩質**。

我也是耶！

消化過程是生理作用。

但怎麼消化……

……取決於**你怎麼想**。

在這一章裡，我們談了**壓力的傷害**……

……以及**安慰劑的威力**。

又一次地，我們看到心理連結如何**形塑我們對自己的經驗**……

……在心理**與**生理上都是如此。

「粉紅藥丸……

……有助於體型大的人……

……消化墨西哥捲餅」

大腸桿菌
墨西哥捲餅
起司
粉紅藥丸
60級分
空
聰明
頑固
最愛吃的東西
我
體型大

我們接下來要看的是：它們如何形塑我們對**別人的**經驗。

妳覺得我胖嗎？　呃……

懶
笨
胖
糖尿病
壯
酷
1992
性感

Part 3
了解彼此

第9章
語言

Draw!

＊〔譯註〕Draw兼有「畫畫」與「掏槍」之意。

雖然語言是我們的**主要溝通工具**……

……它的效果未必如我們**預期**。

我們有**攜帶**（bear）**武器**的權利！

你說的是**裸著手臂**的Bare……

……還是**灰熊**的那個Bear？

事實上，仔細分析之後，會發現我們說的和寫的幾乎
都有模稜兩可之處……

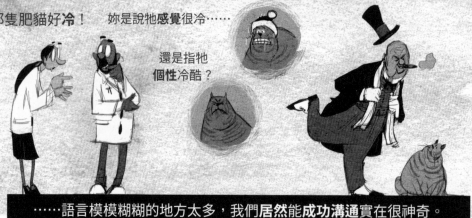

那隻肥貓好**冷**！　妳是說牠**感覺很冷**……

還是指牠**個性冷酷**？

……語言模模糊糊的地方太多，我們**居然**能**成功溝通**實在很神奇。

你的律師是**鯊魚**？

你怕猴子**酒吧**（monkey bars）？

你在**交通醬**（traffic jam）裡？

＊〔譯註〕Shark是「高手」的俚語；monkey bars指的是攀爬架；jam兼有「擁擠」與「果醬」之意。

很多字有**多重意義**。

時光如箭飛逝
（flies）……

……蒼蠅（flies）
老是繞著番茄打轉。

……有**語音**上的曖昧……

同樣的音也有**多重意義**，
像**too**和**two**。

妳好，我叫
夏志銘。

志銘你好。
那你**冬天**叫什麼？

……還有**句構**上的曖昧。

句子的結構也會影響意義。

我昨晚**穿睡衣射了隻大象**（I shot
an elephant in my pajamas）……

……我**不曉得**牠怎麼
會跑進我**睡衣裡**（got in
my pajamas）。

除此之外，**人嘴巴說的**未必是**心裡想的**！

人生的祕密是**誠實**和
老實做生意……

……只要**裝出**這種
形象，就能**成功**！

可是，雖然我們經常用**譬喻**、**諷刺**，也經常講**蠢話**，
我們居然還是**能了解彼此的意思**……

了不起啊，這沒腦的
混蛋會說人話。

說得跟錄音帶
一樣厲害。

等著看他自己
掌嘴吧！

……所以大哉問是：我們是**怎麼做到的**？

不論什麼人**說了什麼話**……

……它們的**可能意義**都多到爆。

我們是怎麼**抓到**
正確意義的呢？

最簡單的答案是：
我們會判斷脈絡……

……**脈絡**能給我們**由上而下的線索**
（關於由上而下，我們在感知那章講過）。

等著看吧，我的律師
百分之百是鯊魚。

啊哈！我懂了！

既然只有在海裡
才有鯊魚……

……可是律師並不
生活在水裡……

……所以他不可能
是**真的**鯊魚。

我們能藉由**神經網路**掌握脈絡（關於神經網路，我們在記憶那章講過）。

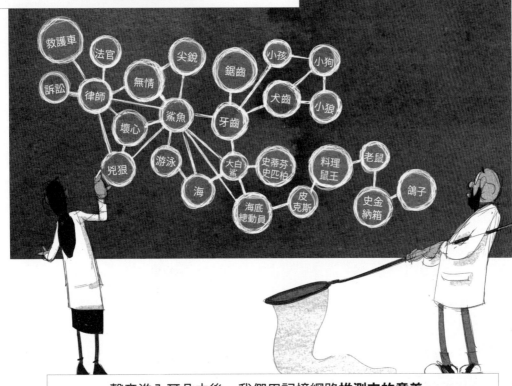

聲音進入耳朵之後，我們用記憶網路**推測它的意義**。

我的律師是**鯊魚**。

那傢伙可能又**尖銳**又**壞心**又**凶狠**……

……但我不認為他**真的**是能生吞活人的海洋生物。

不過，雖然這種方式有助於我們**分辨意義**……

我想你指的是你很**難過**……

……而**不是你**
心臟病發。

我心痛

……**這並不完全可靠**。

事實上，依賴脈絡經常**失敗**。

舉例來說，我們有時會遇上**語言幻覺**，意思越讀越不一樣。

瑪麗給那孩子條狗會咬布娃娃

這種句子之所以顯得模糊，是因為**句構**的關係……

我一開始以為
**瑪麗把那條狗
給小孩。**

但後來在想：
**那條狗為什麼
要咬布娃娃？**

……但也別忘了：我們也會因為其他**模糊**而一頭霧水。

那個**音**好模糊。

那個**字**好模糊。

這**男人**說話
說得不清不楚。

這**女人**是騙子。

我們得**找出避免
混淆的辦法**。

重點是：從另一個人嘴裡冒出的話**幾乎都是模糊的**。

蛤？

ㄑㄩㄋㄧㄌㄜㄋㄠㄅㄢㄅㄞㄙㄥㄌㄢㄇㄣㄌㄠㄋㄧㄤㄌㄠ
ㄌㄜㄅㄚㄅㄟㄕㄇㄟㄘㄞㄍㄣㄋㄧㄗㄞㄧㄑ……

所以，為了弄懂對方在講什麼，我們會使出**另一種策略**……

如果你抓不住她的意思，
光是靠神經網路還不夠。

……ㄍㄋㄧㄧㄢㄑㄩㄣㄓㄨㄆㄥㄍㄡㄧㄡㄧㄩㄙㄧㄙㄋㄧㄜㄏㄨㄣㄓㄤㄨㄤㄅㄧㄉㄢ！

……也就是**對溝通意圖**做出**特定假設**。

你聽到什麼……

……取決於
你認為對方的
目的是什麼。

ㄐㄧㄢㄍㄨㄟㄑㄩㄅㄣ
ㄅㄣㄉㄜㄉㄨㄛㄈㄜ
ㄅㄨㄞㄅㄧㄨㄅㄧㄆㄨㄆ
ㄅㄨㄞㄅㄧㄅㄉㄨㄣ

心理學家稱此過程為「語用」。

又稱**葛萊斯暗示**……

……**以這傢伙為名**……

如果你**真的**很想
知道的話。

153

我們只要開口交談，就會用**語用策略**詮釋別人的意思。

質

我們假定一個人
說的是實話。

除非我們知道
他們在**說謊**。

啊哈！

我餓到可以
吃下一匹馬。

既然你並不是
真的鯊魚……

……你這句話
一定也是**比喻**。

關聯

我們假定對話**必有意義**。

所以一發現意義空隙，
就會自己填上。

你們覺得**婚姻**
有多棒呢？

嗯……

……生活多了孩子
挺開心的。

爸，為什麼**媽**
不喜歡你蛤？

量

我們預期會得到**適量的資訊**。

所以如果**量太少**⋯⋯

⋯⋯或是**量太多**⋯⋯

⋯⋯我們就會開始想**原因**。

今天是**星期一**耶！你幹麼開我罰單！

> 週日
> 禁止
> 停車

它又沒說**週一可以停車**。

方式

我們期待資訊**清晰**。

所以如果覺得對方**語帶含糊**，我們就會開始想對方的**動機**。

嗯⋯⋯

⋯⋯他**長得未必算是不好看**嘛。

直說吧，**他到底有多醜**？

155

我們不只在**聆聽**時會用上這些策略，
說話時也會用上。

我講話的質很大聲……

……東扯西拉毫無關聯……

……量多到讓人頭昏眼花……

……表達方式
也很奇怪。

我到底在
講什麼啊？

ㄅㄨㄞㄍㄟㄨㄛㄍㄨㄣㄨㄛㄌㄞ一ㄝㄣㄨㄒㄛㄤ
ㄐ一ㄢㄌㄠㄋ一ㄇㄢㄗㄡㄅㄨㄙㄨㄥ

不過在日常對話中，我們多半**不會察覺**自己在做這麼**複雜的詮釋**。

我一直努力要
跟妳講話！

我一直努力在
猜你的意思！

其實你們都在
努力**提分手**！

正因如此，**小孩**居然能這麼快學會這種技巧，實在讓人驚訝。

小皮蛋啊，**要是你不乖**，
聖誕老人就不會送你禮物喔！

好啦好啦，我知道了……

……你其實要說如果
我乖聖誕老人就會
送禮物給我。

關於**我們如何學習語言**，有**兩種理論**相持不下

先天的！　　後天的！

有些人認為，我們一定有**與生俱來的語言能力**⋯⋯

⋯⋯另一些人認為，
我們是**邊長大邊學的**。

我們明明有
共通的文法！

那你怎麼解釋
語言一直在變？

不過，我們姑且先把**太缺乏共識的**爭執擱在一邊⋯⋯

語言太容易出錯，
用聽的怎麼可能學會？

語言太容易出錯，
怎麼可能是天生的？

⋯⋯把焦點放在我們怎麼學習**字彙**⋯⋯

我們先跳過**文法**⋯⋯

⋯⋯把焦點放在**字彙**。

萬歲！

天啊！

⋯⋯因為這方面**爭議較小**。

要了解字彙，我們必須能**把它們從整串語言中分辨出來。**

放開我的腳我現在沒空抱抱！

把拔我愛你！

可是，如果我們放大觀察**實際說話**時的**聲波**……

……我們會發現各種**停頓**，這讓人不好分辨**一個字在哪裡結束，另一個字又從哪裡開始。**

請說：「**Where are the silences ?**」

wherearethe
silences ?

「**wherearethe**」
擠成一整塊……

……「**silences**」則是一個字就有好幾處停頓。

wherearethe

s

ilen

ces?

我們要回答的問題是：在**亂哄哄的字句之河中**……

霸　偷女阿　俊嗝　玉芬　咚野好！

蛤？拔把你
講**清楚一點**啦！

……**嬰兒是怎麼把字詞撈出來的**？

我　咩糝化　石茶　察廢　浮炸　芋曲。

她在講什麼？
我們講話時常常
會糊在一起。

158

以這句話為例……

…your**sugar**daddygives**sugar**cookieswithhigh**sugar**contenttohis**sugar**plumfairy…

……「**shu**」這個音
後面一定是「**gar**」……

……可是「**gar**」這個音後面會接
「**da**」、「**coo**」、「**con**」和「**plum**」。

……因為這能聽出**哪些音節更可能組合成字**。

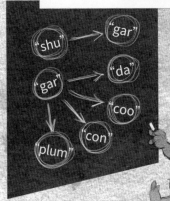

「**shu**」後面接「**gar**」的機率是一分之一……

……可是「**gar**」後面接「**da**」、
「**coo**」、「**con**」或「**plum**」的機率
只有四分之一。

所以「**shugar**」更可能是字……

比「**garcoo**」或「**garplum**」
是字的可能性更高。

問題是：嬰兒**真的會這樣做**嗎？

我押「**shugar**」。

這是**統計推論**！

令人驚訝的是：他們真的會！

我寶貝是
詩人呢！

我寶貝是
藝術家。

我寶貝是
明星。

其實你們的寶貝
都是**統計學家**。

……心理學家設計了一個實驗：向一些嬰兒播放一串
三音節的假單字，不斷重複，隨機播放……

……**一直放到嬰兒感到無聊為止。**

Go-La-Ti, Bi-Da-Ku, Re-Me-Fa,
Re-Me-Fa, Go-La-Ti, Re-Me-Fa,
Bi-Da-Ku, Go-La-Ti, Go-La-Ti

那些聲音是
怎麼回事？

什麼意思
也**沒有**。

然後，心理學家**更動**字裡頭的**音節順序**……

Fa-Go-Da, Me-Ti-Bi, La-Ku-Re,
La-Ku-Re, Fa-Go-Da, La-Ku-Re,
Me-Ti-Bi, Fa-Go-Da, Fa-Go-Da

……結果發現：嬰兒們會
暫時重新提起興趣。

那些**聲音**有什麼**不同**？

還是一樣，
什麼意思也沒有。

這至少可以說明：嬰兒會**注意到轉移機率改變**……

我懂了！FA-GO-DA 就跟
GO-LA-TI 一樣**沒意義**！

我懂了！

……可是，對於我們如何**學習語言**，
這**還**能帶給我們什麼啟示呢？

你也許會想：英文**字那麼多**，怎麼可能都用這種方法學呢？

什麼是
**ineluctable
kumquat
quagmire**？

意思是「**查字典**」。

不過，把**錄音機**綁在嬰兒頭上後⋯⋯

⋯⋯心理學家發現：他們聽到的字
大多不出一組只有**200字**的詞彙庫。

我會把你接受到的詞語
全部收進這個隨身碟裡。

喂，你有拿到
許可嗎？

我是喜歡**那傢伙**沒錯，
可是那女人**纏著**那傢伙不放，
那傢伙又偏偏吃**那套**，
開始開那破車接那女人⋯⋯

理論上，等到他們學會這200個字以後，他們會**開始**學其餘的字。

舉例來說，「**那**」的
後面通常會接名詞。

所以一聽到「那」，後面
很有可能是**名詞**對吧？

我懂了！

一旦你的神經網路夠大，
就能開始**抓進其他的字**。

不過，我們最後還是來談談**更具爭議性**的問題吧！

我們**學會一種語言**之後……

……這種語言會**形塑我們的經驗**嗎？

我以前用奶嘴思考……

……現在用**文字思考**。

而且呴，你說的語言的任意特徵……

……會影響你的思考方式！

這種提問方式，是 1900 年代早期
由語言學家**班傑明·沃爾夫**發展的……

我叫它**語言相對論**！

……它已促成很多
稀奇古怪的理論……

沒聽過**「自由」**這個字
的人，被壓迫時……

……**不可能為
爭取自由奮鬥**……

……也不會上網比價。

……**高度爭議的論辯**……

如果你根本沒有某個東西的詞，
你又怎麼思考那個東西？

你需要詞的話就
自己造出來啊……

……比方說**「屁話人」**！

這是我給你新造的字！

語言**決定**
思考！

語言**反映**
思考！

……**謝天謝地**，它也啟發了一些**有趣的研究**。

為驗證**文法**如何影響經驗……

好，我們現在來講文法還有**字彙**！

吼～～

……研究人員分別從**西班牙文**和**德文**裡挑出一些字，
它們在一個語言裡是**陰性**，在另一個語言裡是**陽性**。

在**西班牙文**裡，「鑰匙」是**陰性字**：「la llave」……

……可是在德文中，「鑰匙」是**陽性字**：「der Schlüssel」

在**西班牙文**裡，「橋」是**陽性字**：「el puente」……

……可是在德文中，「橋」是**陰性字**：「die Brücke」

然後他們請兩種語言的受試者**用英文描述那些東西**，
結果發現：字的陰陽性會影響他們的描述。

它精緻、優美又小巧。

它堅硬、沉重又有鋸齒。

它厚實、聳立而巨大。

它美麗、優雅又修長。

提醒一下，這個研究**有爭議**……

語言影響他們**看東西的方式**！

才怪！
語言只是讓他們**描述**方式不同！

……可是它應該提醒了我們一件**重要**的事。

語言就像我們學到的**其他認知工具**一樣。

雖然這些工具能幫我們從**混亂**與**模糊**中**理出秩序**……

我們都會用**由上而下推理法**……

……**語用法**……

……和**統計推論**……

來決定我們的**所說**所**聞**。

我想我**抓到**你意思了！

……但無可避免的是，它們也會**影響我們對周遭事物的詮釋**。

Draw!

Duck!

*〔譯註〕Duck可指「鴨」或「低頭」。

第10章
人格

瞧那兩個**丟人現眼**的怪咖。

你這**白痴**脾氣暴躁又愛拍馬屁。

你有資格講我!?你才是**自我中心**的無恥渾球!

可是,在**辱罵**的表象之下……

……**讚美**的表象之下……

還有**八卦**的表象之下……

廢柴
討厭
怪異
神經病
自私縱
驕滑
油愚
蠢白痴
變態

熱心
嫻慨
慷博學
遊向
明暖愛
高聰溫可
體貼

能屈能伸
防衛心重
古怪
嚇死人一眼
一板一眼
腐敗
特別
療癒系
騙子

……到底有幾個**判然有別**的人格特質存在?

他們說我老是**緊張ㄅㄅ**、
神經緊繃、情緒化、
情感激烈、反應過度……

……妳覺得他們是什麼意思?

為了回答這個問題，早期人格心理學家列了**長長一份清單**……

……**寫下**我們**常用**來**給彼此分類**的形容詞。

abrasive
abrupt
absolutist
abstemious
active
acute
adoring
adept
adaptable
adrift
adroit
aesthetic
affecting
afeared
ageless
aggressive
aglow
aimless
altruistic
algophobic

adjustable

aloof

接著，他們發揮**聰明才智**……

……使出**統計本領**……

這些詞很多是指**類似的東西**！

好相處
對脾胃

這些詞有**共同點**。

好心親切
友善
和藹
隨和
善良

……把這些詞**歸納成五類**。

大多數的人格差異都能以這**五個面向**描述。

嚴謹性（Conscientiousness）
親和性（Agreeableness）
神經質（Neuroticism）
開放性（Openness）
外向性（Extroversion）

可以簡寫為 **CANOE**……

……或是 **OCEAN**。

以這**五大人格特質**為準，**評估彼此人格**的最佳
方式，是看我們**處在五個量尺的哪個位置**。

我們每個人都有
這五種人格特質，
只是**程度有別**。

嚴謹性
衡量的是自我要求是否**嚴格**，
還有**紀律**和**組織能力**。

我來赴**7點**的約。

喔好，不過現在
才**6點45分**。

嗨，我想我是
約**6點**的吧？

高　　　　　　　　　　　　　　　　　　　　**低**

親和性
衡量的是**合作能力**，以及**慷慨**和**友善**程度。

喔好，**ATM卡**
你先收著，密碼
是**1492**。

對了，需不需要
載你一程？還是
先**吃點東西**？
或者**按摩**一下？

有沒有人可以
給我**50塊**？

不要！

高　　　　　　　　　　　　　　　　　　　　**低**

神經質
衡量的是**情緒**經驗，尤其是**負面情緒**。

我超**不舒服**！
我超**緊張**！
我怎麼知道他是不是
恐怖份子？他幹麼
拿支鉛筆看我？
他會不會突然撲上來
刺我胸口？

別擔心啦！

高　　　　　　　　　　　　　　　　　　　　低

開放性
衡量的是我們面對**新經驗**的態度。

有沒有人想嘗嘗
**油炸蚱蜢韓式
泡菜波蘭餃**？

高　　　　　　　　　　　　　　　　　　　　低

外向性
衡量的是我們**喜不喜歡別人陪伴**。

開趴囉！

噓————

高　　　　　　　　　　　　　　　　　　　　低

169

我在凌晨3點與
下午3點都像這樣。

10年後，我
還是會這樣。

雖然它們**在我們一生中也會略微變化**……

……但即使是在環境要我們做出不同行為時，
這些特質還是**相當穩定**。

嚴謹性往往會
在年輕時提升……

……**在年老
時下降**。

如我們在**第11章**將提到……

噓————

……即使是**外向的人**，
進圖書館也會安靜。

所以最好把它們當成**特質**，而非**技能**。

我喜歡獨處……

……但這不代表
你社交能力差。

我喜歡跑趴……

……但這
不代表妳是
**派對
女王**。

更重要的是：雖然我們**經常忘記**，但它們是**價值中立**的。

自動自發、有批判精神、
懂得放鬆、生活規律
的內向者……

……並**不比**嚴謹自律、
和藹可親、開放而神經質
的外向者更好。

因為這五個面向穩定可靠……

……而且能用來**準確預測**一個人……

看吧？那老太婆一向
比我有親和力。

如果你想找人嘗看看**清蒸蜈蚣
涼拌榴槤醬獅子頭**……

……別找戴夫，
去找雀兒喜，
她**開放**多了。

……所以它們**對科學研究很有用**。

可以用它們
設計**實驗**！

有請**外向者**跟**神經質人**
進**史金納箱**……

這讓它們與過去流行的**偽心理範疇**不同……

我不洗碗，因為
我有黏性體質，膽汁過剩，
而且是樂觀類憂鬱型人。

你找理由型啦！

……也跟**網路**上的人格分類不一樣……

嘿，我在諸葛孔明人格
分類裡是周瑜型耶！

意思是我**帥氣**、
聰明、**瀟灑**又**高貴**！

……後兩種都**沒有預測能力**。

我的相位顯示今天
應該**力爭上游**。

我的相位說我今天
應該**多叫幾聲**。

雖然五大人格特質**最能**預測人與人間的不同行為……

長期來看，它們是我們
最**始終如一**的特質。

……還有**別的人格特質類型**
禁得起**科學檢驗**。

舉例來說，可衡量差異的人格特質還有**馬基維利型**……

哪有這樣的！
妳**耍詐**！

所以咧？反正是**我贏**。

……**權威型**……

你……你幹嘛
踩我臉啊？

沒為什麼，
總之我是**老大**。

……**自戀型**……

我討厭鏡子。

大多數人都不適合
戴這頂帽子。

可是我戴起來
就是帥！

……**幽默型**。

帽子跟領帶說啊：
你在這裡慢慢晃吧，
我要爬到人頭上去啦～

粗這個也癢，
粗那個也癢

我們的**動機來源**也不一樣。

我是**森林之王**！

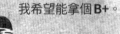

喂，我**不想玩**。

有些人更容易受**成就感驅策**……

我希望能拿個**B+**。

要是我只拿**B+**，**不如死了算了**！

……有些人是為了**認知挑戰**……

我看到**迷宮**就**頭痛**。

我超愛**數獨**……

……雖然我**解得超爛**。

……有些人是為了**避免不確定感**。

管他的，該來的躲不掉。

嗯，我應該先上**海洋生物系**，然後去**水族館**工作，再嫁個**魚類學家**。

有些人傾向**追求正面結果**……

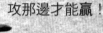

……有些人則設法**避免負面結果**。

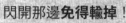

攻那邊才能**贏**！

閃開那邊**免得輸掉**！

這叫**調節焦點**。

173

我想**統治世界**！

我想畫**這朵花**。

我什麼都要！什麼都要！**現在就要**！

我們就要相遇……

……**在明天**。

有個經典實驗是：**放個棉花糖在屋裡，讓小孩子單獨待在裡面**……

如果你能等15分鐘，我就給你**兩個**。

……有些孩子能**忍住**不吃……

……另一些孩子**忍不住**。

坐在這邊盯著等，時間好像過得特別慢。

從**延後享受棉花糖**的能力差異，可以預測他們**14年後**的會考成績和BMI值！

丁丁，你最好**開始K書**。

也有證據顯示：我們**看待
自身技能的心態不同。**

我是**天生好手。**

我是**苦練出來的。**

舉例來說，有些人傾向認為
自己的**智力是不變的**……

……其他人認為智力有**可塑性**……

我**臂力**很好。

我把**臂力**
練得很好。

……從這項差異可以預測**我們對退步的反應**……

要是他抬不太起來……

……他會**放棄。**

要是她**抬不太起來**……

……她會**更努力抬看看。**

……也可以預測我們會給自己什麼**目標。**

他只做**他擅長的事。**

她會**不斷
自我改進。**

其他研究指出：我們會**以不同心態面對不同課題。**

我**天生**就能掌握
騎單輪車的訣竅……

……可是雜耍是我
苦練出來的。

很明顯的是，我們的
人格相當複雜……

我的**五大人格特質**
分數超高！

拜託，那又**不是比賽**……

……你真是個**萬年不變的自戀者**。

……可是，這並不會讓我們不**對彼此驟下判斷**……

……不論這些判斷是否**正確**。

他很隨和……

……而且**善於傾聽**！

呃，其實他是**心理變態**。

很多實驗顯示，我們**很快**
就會開始評價別人……

……不過，隨著我們觀察到更多細節，
我們也會隨時**調整**這些評價。

她只花**半秒**就
覺得**不能信任你**。

他喜歡假裝自己很壞……

……其實他**好心得很**。

這讓我們想問一個問題：評價別人時，**我們該注意什麼地方**？

妳覺得他會是**好老公**嗎？

我們**闖進他家**看看。

在生活中，我們會留下與**自己的人格有關的線索。**

用心理學術語來說，這些線索包括**身份宣告**……

我們會有意識地表明**自己是什麼樣的人**……

……展現愛國心……

……例如穿特定風格的衣服……

……把獎盃擺出來……

……或是把**自豪之處秀出來。**

……感覺調節物……

我們也會把自己的環境弄得**又舒適又能恢復活力**……

……例如把家庭照片**掛在床邊**……

……把紀念品擺在桌上……

……用**自己喜歡的顏色**粉刷牆壁……

……或是買個懶骨頭。

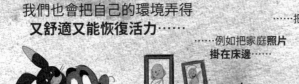

……以及更廣泛的行為痕跡。

也就是我們**無意之間**給人的印象。

這傢伙邋遢。

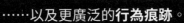

他是個整潔的人。

他老是張大嘴巴**大嚼特嚼。**

這些**人格線索**遍佈我們的**生活空間**……

這傢伙的房間簡直是豬窩。

低嚴謹性！

……我們**溝通時**就留下不少……

……也能在我們的**習慣**裡看到。

這位仁兄用空蕩蕩的風景照片當桌面，裡頭一個人也沒有：

內向者！

這傢伙聽**饒舌音樂**、**鄉村音樂**和巴哈的曲子：

很開放！

事實上，只要是你**想得到的地方**，全都有你留下的人格線索。

我們**搜搜垃圾桶**，也許又能看出她別的面向。

它們就像我們用來**嗅聞彼此**的資料。

親和！

神經質！

哈囉，有人在乎我很尷尬嗎！

我們對彼此的**印象的準確度，取決於我們在哪裡聞**。

如果你真想知道她有多**開放**……

……聞她的**窩**，別聞她**屁股**。

舉例來說，想評估一個人的**開放性**，最好的方法是仔細看看他的**臥室**……

……**會比實際見面**更準。

看來他喜歡**嘗新**……

……從這些**旅行貼紙**可以看得出來……

……他從沒提過呢！

如果要評估一個人的**嚴謹性**，最好去看她的**部落格**……

……而非研究她**喜歡哪種音樂**。

她寫得**有條有理**……

……**文法細節**也掌握得很好。

你知道她是**死亡金屬迷**嗎？從她愛聽的音樂可看不出來她有這一面。

此外，雖然我們評估**外向性**通常很準……

……我們判斷觀察**親和性**和**神經質**的能力常有盲點。

他是**派對動物**……

……你看他怎麼**影印東西**就知道了。

不過，人不會到處講**自己有多慷慨**……

……也不會四處宣揚**自己的焦慮**。

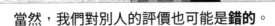
當然，我們對別人的評價也可能是**錯的**。

從她**領結的顏色**看來……

……她**百分之百**又**親切**又有**同情心**。

呵呵，其實她是隻**壞狗狗**……

……所以她得**待在狗屋裡**。

我們以人格特質來解釋
彼此之間的不同。

這是我**身份
認同的**一部分。

不論這些特質是**繼承而來的**……

……或是**學到的**……

我們家族**每一代**都是如此。

我太太也**支持**。

……它們都是預測我們**長期**行為表現的好方法。

我一向**與眾不同**。

不過,我們在下一章也會看到:如果
有什麼事能讓我們更**相似**而非相異……

……那就是:我們是**環境的動物**。

只要戴頂**蠢帽子**,
冰淇淋免費請你吃!

第11章
社會影響

我通常**很準時**，可是
今天沒辦法……

我們的**每個**行為都深受環境影響。

我想當藝術家！

當父母的應該給她支持……

……好啊，拿得出顏料再說。

不過，在**看待別人的行為**時，我們傾向**無視這個事實**……

……而過度強調**人格**的影響。

他為什麼偷我柳丁？

可能是**餓了**吧？搞不好是那些柳丁剛好長得很低？或者他不知道那些柳丁是您的？

才怪！

他就是個**小偷**！

這種偏見相當強大，被稱為**基本歸因謬誤**。

在我們**解釋**別人為什麼做某些事時……

……我們經常**忘了**考慮**環境**！

……**可是看別人時常常缺乏這份眼力。**

因為我**考前那晚沒睡**，所以我考砸了。

她鐵定**沒把學業當回事**。

所以在這一章裡，我們要談談**環境如何影響我們**。

別人都怎麼想呢？

是誰作主？

我的角色是什麼？

前後脈絡是什麼呢？

我該相信誰呢？

從眾！

聽話！

盡好你的本分！

快點！

相信我們！

我們會著眼於**社會環境**，因為這種影響**最顯而易見**。

我覺得自己**滿有主見**。

哈哈，不對喔……

……其實是我們**幫妳想好的**。

從眾

我們都知道，人會被別人**穿什麼**影響……

每個人都這樣穿！

OK！

……也會被別人**怎麼做**影響。

每個人都這樣走路！

喔，我了解了。

可是，**跟隨社會風尚**的驅力甚至比我們以為的**還大**……

每個人都認為
2加2等於5。

呃……

……這個……

……我想大家會這樣想
一定有道理吧！

……**所羅門・阿希**的開創性
研究說明了這點。

184

阿希請**六個人**進屋，問他們
簡單到不行的問題。

不過其中有**五個**是他請來的暗樁，
他們的任務是**故意答錯**。

請問哪條線
最長？

第一條。

當然是第一條啊！

對啊，
第一條。

嗯，是第
一條沒錯。

?!

廢話，
就第一條啊！

1) _____
2) _____
3) _____

阿希在旁記錄另一個人會回答
明顯正確的答案……

……還是**明顯錯誤的那個**……

呃……

……哪一條呢……

……我看看……

……嗯，**第一條。**

……結果發現，只有**少數人對群體壓力免疫**……

在整個實驗裡，
大多數人至少
從眾一次。

……群體壓力甚至能讓人**捨棄較好的判斷**。

現在**大家**都
這樣穿搭……

……**這樣走路**……

……意見通常也**跟
推特河道一樣**。

順從

誰說了算？

同樣地，大多數人**尊重權威**，即使權威**已然失控**。

為研究這個現象，**史丹利．米爾格蘭**請受試者跟一位**權威人士**待在屋裡，給他們一台「**教學機器**」。

跟他們說：為協助一位陌生人**學東西**……

您好，我是**科學研究人員**。

這台是**教育工具**。

……機器會電擊他們。

他在另一個房間裡。

如果他答錯記憶測驗，就按這個。

滋滋滋！

啊啊！！！

滋滋滋！

不過，那位陌生人也是請來的**暗樁**，任務是假裝被電擊。

只要「學習者」**答錯**字彙測驗的題目……
抱歉，這題我不會
……研究人員就命令「老師」**增加伏特數**。
啊～～
妳**確定**真的要這樣嗎？
嗯哼。
嗞嗞嗞！
就這樣一直**增加**、一直**增加**、**一直增加**。
救命啊！
電擊是**關鍵**。
真的嗎？
嗞嗞嗞！
快停啊！
裝沒聽到。
蛤？
嗞嗞嗞！
我心臟病發了！
調到**11級**！
嗞嗞嗞！
令人驚訝的是，**即使在伏特數已達致命數值之後**，
將近三分之二受試者還是繼續聽命行事。
你們有良心嗎？想想我的感受！
可是我這樣**超不安的**。
按下去就對了。
嗞嗞嗞！
這有助於解釋很多**現實世界的悲劇**為什麼會發生。
啊！**拜託不要這樣**！
抱歉，我**奉命**行事而已。

社會角色

我負責哪部分？

正如演員**在舞台上得扮演角色**，我們**在日常生活中也得演好自己的角色**……

喔，這堅強又堅強的**身體終於融化了**。

喔，這累人又累人的**值班總算能結束了**。

……然而，這也會造成**極端結果**。

小鬼，你自己跟**警徽**說吧。

對於這個議題，**最令人不安**的實驗之一是**史丹佛監獄研究**……

嗨，**豪哥**。

嗨，**阿三**。

……志願參加的學生被**隨機安排為囚犯或獄卒**……

這是你的**名牌**跟腳鐐。
去排隊**滅虱**。

盯著他們**好好排隊**。
這是你的**警棍**和墨鏡。

……研究者觀察這些角色會如何**影響他們的行為**。

嗨，豪哥。

嗨，阿三。

……志願者的行為**很快**就變得讓人**坐立難安**……

給我在**水泥地**上躺平！

屎就拉在**這裡**！

侵害人權！

好了不起啊，進**獨居房**！

你只是個編號而已，聽懂沒有！

……研究者不得不**提前中止**實驗。

扁死你個%*#@！

停！停！

如果連平時算是友善的人**假裝扮演角色**，都會出現這麼**糟糕的行為**……

……在扮演**真實**角色時，又能做出什麼事呢？

豪哥，**抱歉**我剛剛那麼**機車**。

呵呵，我也覺得有點**尷尬**啊，阿三。

嘴巴挺硬的嘛。

189

情境限制

脈絡是什麼？

我們已經看到行為受**關係**的影響很深……

……在此同時，行為也會**受我們身處的環境限制**。

在週末我說了算。

職場上我是社畜。

舉例來說，為了觀察**被催促**會怎麼改變我們的行為……

……約翰·達利和丹尼爾·巴特森找來一些**見習神父**……

……請他們以**好撒馬利亞人的寓言**為題寫篇講道。

我們要奉獻自我，幫助別人。

我得幫幫這個**可憐人**。

幫幫我！

受試者得知他們要在**附近某個地方**講這篇道……

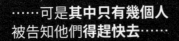

……可是其中只有幾個人被告知他們**得趕快去**……

快點！
不然要遲到了！

……光是這點差異，就讓他們**更不可能**協助被研究者安排在路上的**可憐人**。

抱歉，我**趕時間**，我要遲到了。

幫幫我！

在這個例子裡，**情境**比**人格**影響力更強……

趕時間……
……讓你**忘了聖經**！

……而生命中**充滿類似情況**。

妳吃**五香美乃滋薯條蛋糕**？

妳一定對**新經驗很開放**。

不，我只是**餓翻了**。

說服

我該相信誰呢？

最後，雖然我們可能**傾向某種行為**……

……我們也經常會**被說服採取另一種行為。**

我一向照自己
的意思做。

我是萬人迷。

我一定照妳
的意思做。

有時候，我們接受說服是因為**出現重要的新資訊。**

那套**論述**改變了
你原有的想法。

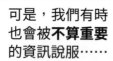

可是，我們有時
也會被**不算重要**
的資訊說服……

……只因為
它們**剛好受到
我們注意**……

我們有時還會被**毫無
意義**的斷言說服……

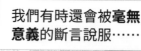

……只因為它們
聽起來像是解釋。

調查顯示：
謀殺案的標準
差正在提高。

聽起來
很重要……
……嗯，
一定是這樣。

你們得**相信我**，
因為我是你們
能相信的人。

聽起來挺有
說服力……

……嗯，
一定是這樣。

此外，我們對自己以為**稀有**的東西毫無招架之力。

超美味烤麵包機，
便宜賣，
機會只有一次！

聽起來
挺難得……

……我買了！

很明顯的是，**有吸引力又懂得交際的人**所提出的要求，說服效果更好……

擦香水讓她變得
更受歡迎。

……因為人人都想**滿足他們**。

我喜歡你。

我相信妳！

這能解釋我們何以用**互惠原則**回應彼此……

……也願意作出**讓步**。

我幫您搔搔背……

……**您就也幫我搔搔背，**
再買份保險，如何？

好啊。

我開價**50萬**，但你拒絕了。

我只能降到**30萬**，
不能再低了。

我最好接受，否則會
顯得自己**是個怪胎**。

這也能說明，為什麼在
提倡某種行為時……

……光是提到**其他人已經
在做**，效果會更好……

……而且講得**越仔細，
效果越好**。

我們資源回收
要做得更徹底！

80%的人已經
開始回收……

……這一牌
的汽水罐。

193

說服（續）

最有魔力的說服技巧，或許與我們強烈希望能**感覺一貫**有關。

我真不敢相信你說服我這樣做。畢竟我根本不怕搭搭雲霄飛車！啊啊啊啊啊啊啊啊！！！

在前幾章裡，我們已經看到這種期望如何影響我們的**認知**……

你相信你的神經網路**有道理**……

……所以你無視與你相信的東西矛盾的證據。

這叫**確認偏誤**！

……以及**後設認知**。

我相信我一向**知道那件事**！

這叫**後見之明偏誤**！

其實，它也會影響我們**對自己行為的感覺**。

我相信我的**信念**和我的行為**緊密契合**。

這可以說明：在我們**做決定**時，為什麼經常**會受自己以前的行為引導**。

我點我一向**點的那個**。

要想我真正想點什麼太麻煩了。

點得好。

不過，當我們的信念與我們的行為不緊密契合，會造成**認知失調**……

……我們可**不喜歡這種感覺**。

我才**不是**怕騎牛的膽小鬼！

我頭好痛！

所以，當**環境**迫使我們**改變行為模式**……

……我們通常會**改變心態**加以調適。

我現在得改去芭樂**超市**買東西了，因為我去**新辦公室**的路上只有這間。

嗯，搞不好來**這裡買東西的**並不都是窮鬼。

於是，別人也可以利用這點來**說服我們**。

如果你想讓別人做某件**他們並不想做的大事**……

……你一開始可以請他們**做較小的事**……

買我們的書！

可以把這個廣告插在您家草坪嗎？

你腦子有病嗎？

那可以改插這個嗎？

呃……好吧！

……因為**一點一滴**讓他們覺得自己傾向「**好**」，經常會改變他們一開始的「**不好**」。

買我們的書！

您好，現在可以把**這個廣告**插在您家草坪了嗎？

好吧，但這是因為**我始終如一**。

這叫**得寸進尺法**！

總之，**人格**就像**我們彼此差異的平均值**……

……我們往往**太看重它了**。

有些人更像
這樣……

……有些人
更像這樣。

但我們的**共同點**
多過**差異**。

想進一步深究**一個人行動的原因**，
我們還得留意他們身處的**環境**……

我們之所以不會
困在那裡……

……是因為我們會
調適行為以適應環境。

危險！
前有坑洞

……尤其是**社會性因素**。

你為什麼在這？

因為我看其他
人都跳進來。

接下來，我們要看看在**評判別人**時常犯的**其他錯誤**。

第12章
刻板印象與群體

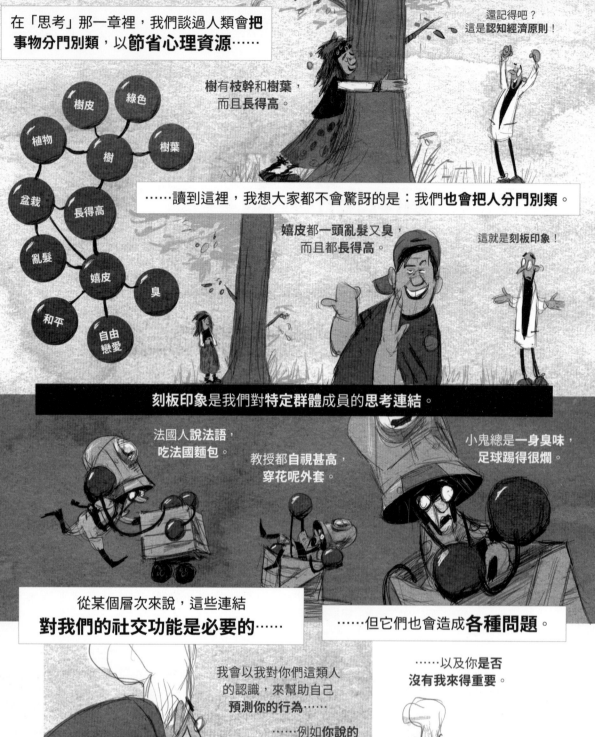

在「思考」那一章裡，我們談過人類會**把事物分門別類，以節省心理資源**……

還記得吧？
這是**認知經濟原則**！

樹有枝幹和樹葉，
而且**長得高**。

樹皮　綠色
植物　樹　樹葉
盆栽　長得高
亂髮　嬉皮　臭
和平　自由戀愛

……讀到這裡，我想大家都不會驚訝的是：我們**也會把人分門別類**。

嬉皮都一頭亂髮又臭，
而且都**長得高**。

這就是**刻板印象**！

刻板印象是我們對**特定群體**成員的**思考連結**。

法國人**說法語**，
吃法國麵包。

教授都**自視甚高**，
穿花呢外套。

小鬼總是**一身臭味**，
足球踢得很爛。

從某個層次來說，這些連結
對我們的社交功能是必要的……

……但它們也會造成**各種問題**。

我會以我對你們這類人
的認識，來幫助自己
預測你的行為……

……例如你說的
是哪種語言……

……以及你是否
沒有我來得重要。

首先，很多刻板印象並未準確反映事實。

法式薯條
好**油膩**……

……**法國人**一定
也油膩膩的！

即使它們是真的，我們也經常擴大解釋。

矮子搆不到提款機……

……**所以他們一定
沒有理財能力！**

**因為我們的刻板印象常常只
依據非常有限的證據……**

……但刻板印象往往造成嚴重後果。

我第一次見到的
海盜留**大鬍子**……

……所以我總
覺得**每個海盜
都有大鬍子。**

所以，我也覺得
留大鬍子的人
都是海盜！

**在這一章裡，我們會
試著理解這種現象**……

妳是「女流」
之輩……

……我是
「聰明」一族。

……**方法是討論社會分組如何影響我們**……

……**又如何影響被我們歸成一類的人。**

喜歡
藝術

偏愛
粉紅

我比你以為
的**更聰明！**

醒醒吧，妳是
自以為聰明！

偏愛
藍色

喜歡
運動

芭比
娃娃

女生

三百
壯士

數學
不好

善於
科學

甜食

溫柔

男生

燕尾服

火辣

臭蹺

懶懶

刻板印象就跟我們其他心理連結一樣，也會**由上而下影響我們的所見所聞……**

……以及**我們的記憶和敘述。**

我小時候啊，學校是**女巫**在管的喔！

老爸，你說的是**修女**吧！

穿黑衣
可怕
女巫
吃孤兒

穿黑衣
嚴厲
修女
照顧孤兒

刻板印象有助於我們把模糊未明的事**歸類。**

斧頭　瘋狂殺人魔　血濺三尺
恐怖

斧頭　伐木工　紅彩格布
超級瑪利

喂！我可是嚇了好大一跳！

不幸的是，由於刻板印象也會**引導我們對他人行為的感知……**

……在不好的狀況下，這些連結會導致**悲劇性誤解。**

我得請求**支援。**

這個區域　槍枝
高犯罪率
走廊陰暗
可怕

警察捉小偷　我家　「砰！」
槍戰遊戲
手槍

實驗已一再證明
刻板印象影響之大。

我們如何詮釋
其他人的行為……

……取決於我們
認為他們是**哪一類人**。

舉例來說，讓受試者待在房裡，請他們
詮釋一則刻意講得含糊的故事……

「那人**晃過房間時**
對她拋了個媚眼」，
這句話您怎麼看？

……他們的回應會受**與刻板印象有關的細微線索影響**……

喔對了，那個人
姓**「葉爾欽」**。

喔，那他一定是
共產黨酒鬼！

葉爾欽　蘇聯　伏特加　俄羅斯

……即使他們**沒有察覺**也是一樣。

喔對了，那個人叫
「奎多」（Guido）。

喔，那他一定
是**黑幫**！

奎多　義大利人　《教父》手風琴曲　黑幫

激發效應有助於解釋何以刻板印象**不受反證動搖**。

對了，那個人
留**大鬍子**。

那他一定是**海盜**。
留大鬍子的
男人全是海盜。

大鬍子　不可信任　海盜　好色

201

分類連結也會影響**溝通鏈**。

PSSTPSST……

PSSTPSST……

PSSTPSST……

傳話遊戲又來囉！

我們可以在**謠言傳遞**研究中看到這點：

如果向人出示一張**違反刻板印象**的照片……

……請他們向**沒看過照片的人**描述內容……

……再請後者向**另一個人**描述內容……

有個修女拿槍搶劫黑道。

跟搶劫有關，有修女跟黑道。

……**這樣接續下去**……

……細節很快就會從**俗變**為**一般刻板印象**的樣子。

有修女跟槍跟黑道什麼的。

搶劫　槍　壞　黑道

艾爾‧卡彭（Al Capone）槍殺德蕾莎修女！

嗯，聽起來挺合理。

不是女巫　愛好和平　溫和　修女

換句話說，我們**彼此談話時**傾向強化刻板印象。

指揮海盜船的船長鬍子刮得乾乾淨淨。

傳下去……

PSSTPSST……

PSSTPSST……

PSSTPSST……

我就說嘛，留鬍子的男人**全是海盜**！

是人都知道！

我們很難避免這種**以類別為據的推理**，而這會帶來**十分險惡的社會影響**。

全體注意！有海盜！

其實這是**確認偏誤**！

舉例來說，有個經典研究顯示：即使是**虛假的分類**，也會發揮與**自我實現的預言**一樣的作用。

如果你**相信**它是真的，它**就會**成真。

研究者告訴老師：他們班上有個學生**「潛力十足」**……

……雖然這個說法**毫無事實根據**……

照心理測驗來看，小明能變得聰明得多。

潛力十足？其實是**平凡十足**。小明跟其他孩子沒什麼兩樣。

……但老師會給這些學生**更多關心和注意**……

……結果讓這些學生**進步得比其他學生更多**。

小明，我相信你會**出類拔萃**。

我拿了A耶！

我早就知道你很有潛力！

這項證據顯示：光是認為某個學生會進步，就**真的能讓他們進步**。

可惜的是，刻板印象的影響很少這麼**正面**。

心態是**強大武器**。

吼，我只拿C！

別難過，那是因為妳**沒潛力**。

對於**被以刻板印象看待的人**來說，
負面刻板印象顯然會造成很大傷害……

……因為它們也會發揮
自我實現預言的作用。

我的申請石沉大海……

抵押被拒絕……

大家對我的貢獻
視若無睹……

……也許
我只剩
當海盜
這條路。

搶土豪　喝酒　留鬍子

抓狂　海盜　我？

無教化
可能　不可信任

如果我們不但**深信別人
怎麼看待我們**，還讓這種
想法**改變自己的行為**……

往往會讓自己原先的想法成真。

她**不喜歡我**，
所以我最好
離她遠點。

因為這傢伙
從不跟我講話，
所以**我不喜歡他**。

這會形成一個**回饋迴路**（feedback loop）……

那個墨西哥佬
緊張兮兮的……

……他一定
在打鬼主意，
盯著他。

那個條子一直
跟著我……

……搞得我
好緊張。

……**要是更多人捲進來，它會變得威力強大。**

你們這些人**不尊重我們**！

最有害的自我實現預言之一是**刻板印象威脅**（stereotype threat）。

內容是說：在負面刻板印象針對你時……

誰都知道墨西哥佬**拼字超爛**。

……**你表現失常**……

來，請拼一下「racial injustice」。

嗯……

……因為它讓你**擔心多餘的事**……

怎麼又扔東西給他**接**？

「Ratial」？

「聽起來有『SH』的音」

「Racial」？

「Rashal」？

全世界都覺得你拼字超爛。

這會增加你的認知負擔……

……降低你處理眼前**工作的心理能量**。

……也減損你的動機。

如果大家都認為**我做不好**……

……也許我真的**做不好**。

這部分在「**動機**」那一章有談過。

還好，雖然這種效應**強化了世界上很多的不平等**，它是能**克服**的。

我小時候啊，女生的**足球和數學都很爛**……

……那是**過去式**了！

205

當然，我們的團體認同**並不都是壞的**。

我們這條船**就像一家人**。

喔～～～

我們呼朋引伴分享**共同興趣**……

橡實隊加油！

……**目標**……

自己的酒自己釀！

……**宗教情懷**……

我們一起上天堂！

……以及其他**社會支援網路**。

請大家一起為灰鬍子的鸚鵡默哀。

遺憾的是，不論讓我們聚在一起的原因是什麼，我們都**強烈**傾向偏袒**自己團體裡的人**……

……**並貶低其他人**。

US THEM

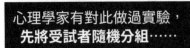

心理學家有對此做過實驗，
先將受試者隨機分組⋯⋯

正面的人戴帽子，
背面的人**不戴帽子**。

⋯⋯然後，給他們一個有些**微競爭關係的任務**⋯⋯

哪一組把我辦公室打掃最好，
就那一組**贏**。

⋯⋯觀察發現：他們馬上開始從**偏坦自己組員**的角度**詮釋任務**。

不戴帽組的凱文
打掃範圍較大⋯⋯

懶惰
狡猾
摸魚
蕾潔
凱文
他們
不戴帽組

⋯⋯可是我們戴帽組的
路克打掃範圍較髒，
所以他**應該得更多分**。

喬斯
路克
我們
工作量大
腳踏實地
戴帽組
好人

此外，雖然是隨機分組，他們還是**更能
注意到自己組員的個別差異**⋯⋯

⋯⋯也更可能以為**另一組人都差不多**。

戴帽組路克
愛吃漢堡。

戴帽組安妮塔
愛吃披薩。

那些不戴帽組
的只會吃
墨西哥捲餅。

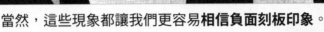
當然，這些現象都讓我們更容易**相信負面刻板印象**。

如果我們把他們
全當**複製人**⋯⋯

⋯⋯就省得分
哪個是哪個了。

團體心態**也會在其他方面扭曲我們的行為。**

我變成海盜以前**絕不會**要你做這種事。

身為團體中的一員，我們往往會做出能**提高團體情誼**的選擇⋯⋯

莎莉，抱歉，我**放學後不能再跟妳扮家家酒了。**

我現在**每天都得團練。**
週末要上健身房。

⋯⋯通常也會用**群體壓力**讓「我們」變得更激進⋯⋯

我們現在不做一般瑜伽了，改做挑戰極限熱瑜珈。

加不加入隨妳便。

⋯⋯或是**變得更自信。**

呃，我們是不是先看看網友評價比較好？

不要！
我們已經**投票**要住那裡了。

團體決定就是最好的決定。

蟑螂屋

在團體裡思考，往往也會讓我們的決定更極端……

這次走鋼索就走**10呎**好了。

10呎？**20呎啦！**

小孬孬！起碼該**30呎**！而且底下要有一池**餓扁的鱷魚**才刺激！

……**要是我們以為大家已經決定好了**，所以不提異議，走偏鋒的情況會更加嚴重。

我覺得這實在**不是好主意**……

……但既然別人都沒意見，大概大家都**OK吧！**

心理學家稱這種行為模式為**團體迷思**（groupthink）……

是我有問題還是這個團體有問題？好像哪裡怪怪的……

噓！！！不要想了，你會被踢出去的！

……這是歷史上一再出現的**集體弱智現象**之一。

談什麼談？**直接出兵吧！**

沒錯！我們超**強悍超偉大！**

上次打敗仗又怎樣！

從某種程度上說，我們會**偏袒自己人、不信任外人**，
是因為這種行為**有助於我們生存**。

往前衝！**宰了他們！**　　　**點點族！**　　**條紋族！**　　把他們**生吞活剝！**
　　　　　　　　　　　　　衝啊！　　　**殺呀！**

有個理論叫**刻板印象內容模型**（stereotype content model）……

刻板印象有**兩個**
主要向度……

……**親切度**（warmth）
跟**能力**（competence）。

……它甚至認為：我們之所以總會掂量另一群人，**重要原因是**
預測他們會不會和我們競爭。

如果我們認為別人
親切度高能力低……

……**不用擔心！**

如果我們認為他們
能力高親切度低……

……**把皮繃緊！**

親
切
度

能力

不論刻板印象的成因是什麼，它就是會浮現在
我們的**基本認知架構**裡……

……換句話說，刻板印象**很難根除。**

可憐　愚笨　　　　　　　　　　聰明

溫暖　　　　　　　　　　　　　恐怖

　　　　　　　　　　　　會吃我

不會吃我　　　　　　　冷酷

減低負面刻板印象的技巧包括：
鼓勵人們重新把彼此歸類……

……或是認識更高的類別。

你是綿羊，一定**優柔寡斷**。

錯，我是**外科醫師**，我果斷得很。

雖然我們有的是**狼**有的是**綿羊**，但我們都是**哺乳類**。

多注意別人的個人特質也能減低刻板印象……

……多了解他們的處境也可以……

小美看起來**溫和**，可是比賽從不**手下留情**。

狄米崔常遲到，但那是因為他還得教**瑜珈**。

……認識不一樣的人通常有幫助……

……但也可能會有反效果。

武雄，你居然會**烤餅乾**！？

這叫接觸假說（contact hypothesis）！

呃，我認識的**狼**全都凶狠狡猾。

不過，這些技巧都需要付出努力……

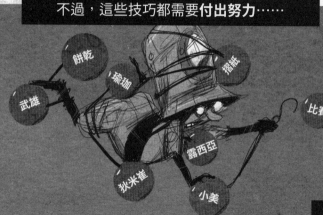

餅乾　瑜珈　摺紙　武雄　比賽　露西亞　狄米崔　小美

記住，我們心裡一次只能處理**7(±2)個東西**。

……所以我們多半懶得嘗試。

結論

當事情不太對勁⋯⋯

心理學還有很多**有趣的**研究領域……

比方說神經科學……

……人工智慧……

……愛……

……音樂……

……急性
創傷……

……父母教養……

……兒童發展……

……催眠……

……睡眠與
夢境……

……以及很多
很多東西。

……**畢竟人類心智極其複雜**。

你真的**什麼東西**都能
倒進去耶。

對啊，它有點
像**海綿**。

我們其實才剛剛開始學習心智如何運作而已。

你**一次**只能塞
大約**七件**事進去。

如果想塞更多，
你得**把其中一些東西
揉在一起**。

他的
名字

他的
眼睛

他的
鼻子

他的手
機號碼

他的推
特帳號

他的
頭髮

他的
腔調

他是
哪裡人

不過，我們讀過的這些東西，**還是**有助於我們了解心智有時為何**失去作用**……

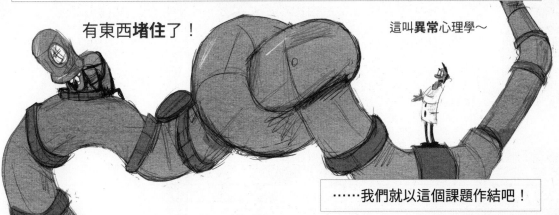

有東西**堵住**了！

這叫**異常心理學**～

……我們就以這個課題作結吧！

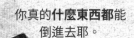

215

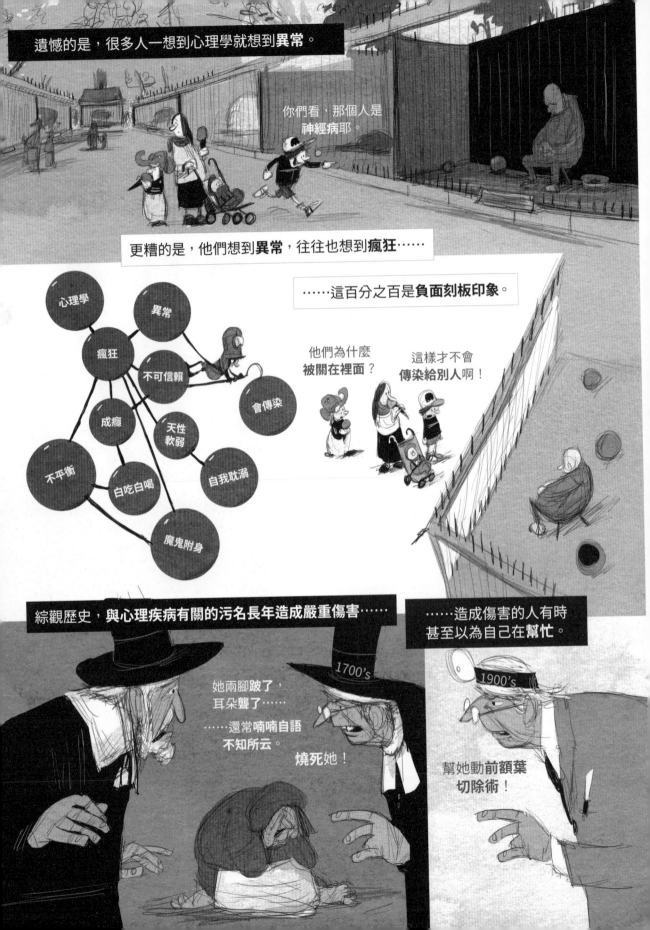

雖然這些污名持續**導致無謂的傷害**……

……現代的「異常」概念已經**人道多了**。

你**不正常**！

我們的**共同點**比**差異**更多喔！

因為我們現在了解：異常和正常是**相互交織的**。

於是，分析心理**問題**……

這孩子一停止有意識地**專注於某件事**，就什麼也不記得了……

……能讓我們更了解**正常心理功能**。

……所以，我們對**意識**思考或許都有獨立記憶系統……

……對**非意識**思考或許也有獨立記憶系統。

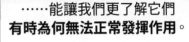

倒過來說也是一樣，研究**心理系統**如何**正常發揮功能**……

……能讓我們更了解它們**有時為何無法正常發揮作用**。

知道我們一次**能想幾件事**……

……有助於了解我們**有時何以失敗**。

事件　　生理激發　　詮釋　　情緒

……就越能看出情緒系統怎麼讓人**情緒失常**。

例如**憂鬱症**……　……躁症……　……焦慮症……　……以及**憤怒疾患**……

……這些情況不是**沒有情緒**，就是**情緒過多**。

同樣地，越是了解**認知**……

我們把自己遇上的**某些東西編碼**……

……然後用由上而下的預設填補空隙。

……也能幫助我們更加認識**思考和邏輯的疾患**。

例如**失憶症**……　……失語症……　……**失認症**……　……還有**幻覺**……

……這些時候。由上而下的資訊不是**太多**就是**太少**。

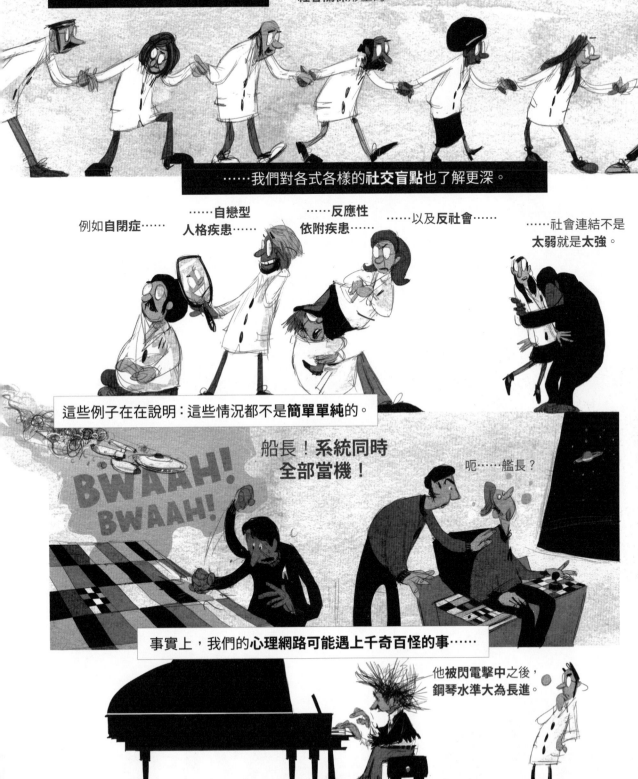

當我們對**社會覺知**（social awareness）的認識更深一層……

我們的行為大多是由**社會關係**形塑的。

……我們對各式各樣的**社交盲點**也了解更深。

例如**自閉症**……

……**自戀型人格疾患**……

……**反應性依附疾患**……

……以及**反社會**……

……社會連結不是**太弱**就是**太強**。

這些例子在在說明：這些情況都不是**簡單單純**的。

船長！系統同時全部當機！

BWAAH! BWAAH!

呃……艦長？

事實上，我們的**心理網路**可能遇上千奇百怪的事……

他被閃電擊中之後，鋼琴水準大為長進。

……因此，正常與異常的界線經常是**模糊不清**的。

異常心理學的案例**分佈有如光譜**。

我們都**怕松鼠**。

這是**松鼠恐懼症**吶！

有的很**極端**⋯⋯

啊啊啊！！！

⋯⋯有的**一般般**⋯⋯

靠，今天有夠衰！

⋯⋯有的很**輕微**。

我還是走**另一邊**好了。

雖然**特殊案例**令人驚訝⋯⋯

我老公以為我是**帽架**！

這是**失認症**！

⋯⋯但往光譜上程度較輕的案例看下去，還是會走到**稱為「正常」**那一區。

我老公對待我的態度像對待帽架！

這就是**婚姻**啊！

這些例子顯示：**異常心理學**……

我腦袋裡的聲音**告訴我要做什麼。**

這是**思覺失調症！**

……和**標準心理學**的差異……

我總在心裡與**自己對話。**

這**完全正常。**

……**多半只是程度之別。**

路克，使用**原力**吧！

簡直瘋了…… ……但現在這種情況，原力恐怕是我**最好的選擇。**

這應該有助於我們同理**心理疾病之苦。**

每次松鼠靠近到可以跳上我的臉，我都很**害怕。**

是喔？我**一向如此。**

我們正開始掌握這些知識，
漸漸釐清人類為何如此**善於**感知……

我看到你了！

……**了解**……

我了解你！

……**以及同理**……

我和你
感同身受。

即使我們身處**瘋狂**的世界。

我們**TMD**在
這鬼地方**幹麼**？

不過，還有很多人類心智的祕密……

這個是怎樣？

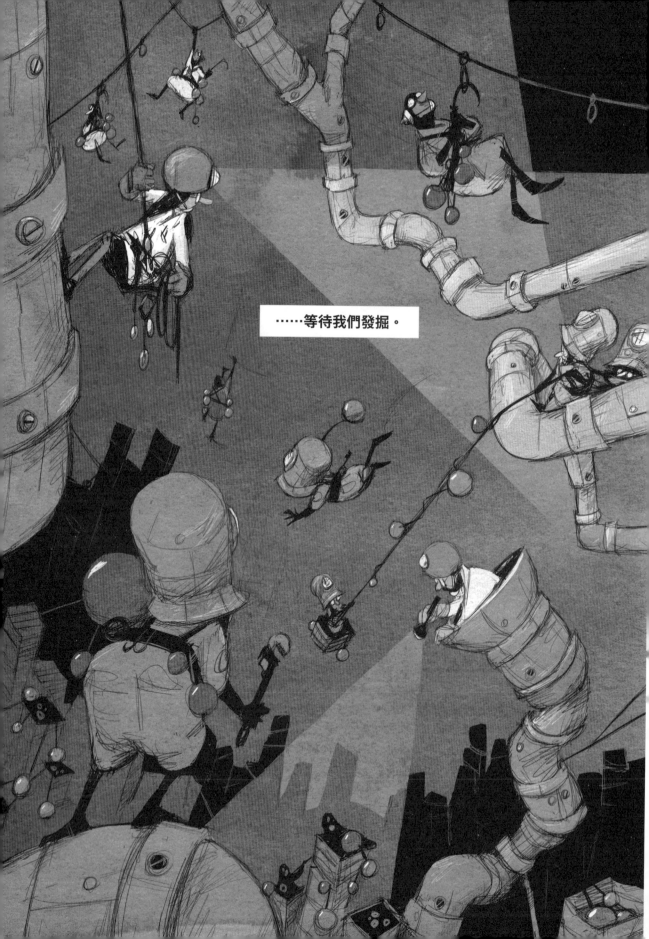

INSIDE 12

漫畫心理學
心智如何探索複雜環境，又怎麼愚弄我們？
Psychology: The Comic Book Introduction

作　　者　丹尼・歐本海默（Danny Oppenheimer）、格萊迪・克萊恩（Grady Klein）
譯　　者　朱怡康
責任編輯　賴譽夫
美術設計　黃暐鵬

編輯出版　行　路
總 編 輯　林慧雯
副總編輯　賴譽夫

社　　長　郭重興
發行人兼　曾大福
出版總監
發　　行　遠足文化事業股份有限公司　代表號：（02）2218-1417
23141新北市新店區民權路108之4號8樓
客服專線：0800-221-029　　　　　傳真：（02）8667-1065
郵政劃撥帳號：19504465　　　　　戶名：遠足文化事業股份有限公司

法律顧問　華洋法律事務所　蘇文生律師
印　　製　韋懋實業有限公司
初版一刷　2018年12月
初版二刷　2018年12月
定　　價　430元
I S B N　978-986-96348-6-1
有著作權・翻印必究　　缺頁或破損請寄回更換
歡迎團體訂購，另有優惠，請洽業務部：（02）2218-1417分機1124、1135

國家圖書館預行編目資料

漫畫心理學：心智如何探索複雜環境，又怎麼愚弄我們？
格萊迪・克萊恩（Grady Klein）、
丹尼・歐本海默（Danny Oppenheimer）合著；朱怡康譯
一初版一新北市　行路出版：遠足發行，2018年12月
232面；19×25.5公分　（Inside；1WIN0012）
譯自：The Cartoon Introduction to Philosophy
ISBN　978-986-96348-6-1（平裝）
1.心理學 2.漫畫
170　　　　　　　　　　　　　　107018804

PSYCHOLOGY : THE COMIC BOOK INTRODUCTION
by Grady Klein & Ph.D. Danny Oppenheimer
Chinese translation rights in complex characters
arranged with W. W. Norton & Company, INC.
through Bardon-Chinese Media Agency, Taipei
Complex Chinese translation rights © 2018 by Walk Publishing,
a division of Book Republic Publishing Group
All right reserved.